The Mindful Couple

How Acceptance and Mindfulness Can Lead You to the Love You Want

Robyn D. Walser

Darrah Westrup

マインドフル・カップル

パートナーと親密な関係を築くための実践的ガイド

ロビン・D・ウォルザー
ダラー・ウェストラップ

野末武義［監訳］ 樫村正美・大山寧寧［訳］

金剛出版

おもしろくて予測不能な，手も足も出ないほどに魅力的で，
時にとても腹が立つ，それでいて，いつでも愛おしい，
親愛なる夫 マークへ
—RDW

親友であり，人生の伴侶である夫，アンドリューへ
いつも私を支えてくれて，信じてくれてありがとう
本書に実に素晴らしい実例を提供してくれたことに感謝しています
—DW

発行者注

本書は，対象となる主題に関して，正確で信頼できる情報を提供することを目的としています。本書は，出版社が心理学，金融，法律，またはその他の専門的なサービスを提供しないことを前提として販売されています。専門家の援助やカウンセリングが必要な場合は，適切な専門家によるサービスを求めてください。

The Mindful Couple：How Acceptance and Mindfulness Can Lead You to the Love You Want

Distributed in Canada by Raincoast Books

Copyright © 2009 by Robyn D. Walser and Darrah Westrup New Harbinger Publications, Inc. 5674 Shattuck Avenue Oakland, CA 94609 www.newharbinger.com

Cover and text design by Amy Shoup; Acquired by Catharine Sutker; Edited by Jude Berman

Excerpt from *A Child Is Born:* A Modern Drama of the Nativity, copyright © 1942 by Stephen Vincent Benet; copyright renewed © 1969 by Rosemary Carr Benet. Reprinted by permission of Brandt & Hochman Literary Agents, Inc.

All Rights Reserved

CIP data on file with publisher.

謝　辞

　私たちと物語を共有するとともに，素晴らしく，そして時には辛い経験を本書に掲載することを許してくださったカップルの皆さんに，心から感謝します（事例は匿名化しています）。特に，寛大にも，私たちが夫婦として経験したことを本書に書き起こし，世界中の人々と共有することを許してくれた私たちの夫に感謝します。読者の皆さんが，マインドフルで生き生きとした関係性を築くことができることを願っています。

目　　次

———————◆◆◆———————

はじめに

愛とは，関心を示すことである。

カレン・メイゼン・ミラー

　人と人がつながりを得ることは，時代を超えて，美しく，また喜ばしいことです。特に，パートナーとのつながりは，地球上で最も重要な絆の１つであり，人々の人生に意味と目的をもたらします。本書は，皆さんがより多くのことに気づき，積極的にパートナーと関わることで，二人の絆を深めていくことを目指しています。

　私たちは，皆さんがパートナーと愛の絆を築く，もしくは深めていくための道案内をしたいと思います。パートナーとの関係に十分に向き合い，あなた自身の感情や考え，想像，そして記憶に注意深く目を向けることで，あなたにとって何が最も重要であるかわかると同時に，思いやりや信頼，深い理解のある関係をパートナーと築くことができるでしょう。

　私たちは，しばしば自分の行動を「見る」ことなく，やみくもに生きています。相手に対する愛着，欲望，恐れ，そして期待があるからこそ，時に感情的に反応し，結果として関係が疎遠になったり，苦痛になることさえあります。しかし，私たちは自分が大切にしているものに気づき，自分の中にある期待や願望を理解することで，パートナーに対して，愛を深めるような行

動を選択することができるようになります。いわば，自分自身と向き合い，自身の中にある恐れを認め，優しく受け止めることで，二人の可能性は広がっていきます。本書は，これを読めば，他者と完璧な関係がつくれると確約するものではありません。むしろ，人間関係において，相手との葛藤や違いは避けられないものです。しかし，そうした過程を通して，自分が大事にするもの（価値）を素直に受け容れることで，私たちは真の親密さや誠実さ，性的長寿，活力，永続的なつながりを得ることができるでしょう。

　あなたとあなたのパートナーが愛に満ちた有意義な関係を作れるかどうかは，あなたたちお二人にかかっています。そして，そのために必要なことは，「愛すること」を積極的に実践することです。簡単なようでいて，日常の生活に追われていると，ついつい忘れがちになってしまうものです。どうか，本書をあなたやパートナーが手に取りやすい場所に置いてください。そして，折に触れて，本書を手に取り，ページをめくり，自分たちにできることを思い出してみてください。

　各パートは独立した内容として書かれているため，お好みにあわせて，それぞれのトピックからランダムに読むことができます。ただし，本書で紹介されている概念をよりよく理解するためにも，まずはパート１の「アクセプタンスとコミットメントのアプローチ」からお読みいただくことをお勧めします。パートナーとの関係に落胆した時，イライラした時，関係がなぜうまくいかないのか，どうしたら修復できるのかわからずに行き詰まりを感じている時に，本書を思い出してください。また，パートナーとの関係がうまくいっている時にも，本書を手に取ってみてください。本書を通して，二人の関係がうまくいっている理由が明確になり，関係を維持していくためのヒントを得ることができるはずです。この本を読むことで，あなたとパートナーが大事にするもの（価値）に従って生きることは，二人の関係を豊かにするのだと気づくことを願っています。

パート 1

アクセプタンスと
コミットメントのアプローチ

マインドフル^{訳注1}で生き生きとした関係を生きる

愛とは，互いに見つめ合うことではなく，ともに同じ方向を見つめることである。
アントワーヌ・ド・サン＝テグジュペリ

　人間の基本的かつ普遍的な経験の1つに「人と人とのつながり」があります。スピリチュアルな観点と進化の観点のいずれから見ても，結論は同じです。すなわち，人は何かに所属し，人とのつながりを持ちたいと願うものです。そして，ほとんどの場合，愛がそのような結びつきの基礎となります。人とのつながりは，愛の絆の強さと，それに伴う優しさが基盤となります。したがって，人とのつながりについて語ることは，人を愛することと，人に愛されることの両方について語るに等しいといえます。しかし，実際には，これらを簡単にできる人もいれば，そうでない人もいます。ある人は愛に満ちた家庭に生まれ，家族の一員であることや愛されることの意味をよく知っています。一方で，不運にも誰かを愛し，愛されることが難しい，さらに言えばそんなことは不可能だと感じている人もいます。また，愛情深い環境で育った人でさえ，愛をめぐってもがき苦しむことがあります。したがって，私たち一人ひとりの性格や歴史，家族，力関係を考えると，人と人が出会い，恋に落ち，永遠の絆を結ぶことができるのは奇跡的なことだと思います。

訳注1：「mindful」とは，「気を配る，意識している，心に留める」などの意味を示す言葉ですが，ここでは「良い，悪いの判断をすることなく，自分の身に起きていることに意識を集中させる，自分が持つ感情や思考を受け容れる状態」という意味だと理解してください。

　アメリカの離婚率は近年減少してはいるものの，依然その割合は高く，初婚夫婦の3分の1以上が結婚15周年を迎える前に離婚しています（Wolfers, 2008）。この離婚率の高さが物語ることは，結婚を誓う前に，多くの交際経験を経ておく必要があるということでしょうか。あなたは，結婚前に何人の方とお付き合いしましたか？　もしくは，まだ結婚されていない場合，現在お付き合いしている方は何人目ですか？　多くの人が何かの一員になりたい，人から愛されたいと願っているにもかかわらず，なぜ人は愛する人との関係にもがき苦しみ，しばしば別れてしまうのでしょうか？

　この難問には，さまざまな理由があるでしょう。既婚者の場合は，今一緒にいる人が自分に相応しい人ではないのかもしれません。独身の場合は，まだ出会っていないだけかもしれません。はたまた，環境やタイミングが邪魔をしているだけかもしれません。こうしたことすべてが別れの要因となりえます。また，私たちはこの他にも，体験の回避と偽りの価値[訳注2]（unlived value）という2つの要因があると考えます。つまり，自分の感情を感じたり，自分の考えを伝えたりすることを恐れている時，もしくは自分にとって本当に大切なものと矛盾したことをしている時，カップルはトラブルに発展します。これらの問題のうちどちらか1つでもあれば，二人の関係は苦しいものになり得るでしょう。ましてや，2つ揃えば致命的です。この2つの問題が一緒になると，まるで血管を流れる毒のように二人の関係に素早く広がり，すぐに関係を壊してしまうこともあれば，何年もかかってじわじわと広がり，息の根を止めてしまうこともあります。

　しかし，解毒剤（体験の回避と偽りの価値への解決策）がありますのでご安心ください。それは，アクセプタンス＆コミットメント・セラピー（Hayes,

---

訳注2：本書の基礎となる「アクセプタンス＆コミットメント・セラピー（ACT）」では，人の価値（value）を重視し，その役割を強調します。価値とは，「ある人にとって大事にしているもの，こと」を意味します。ACTでは，価値とは人が自由に選ぶものであり，他者から押し付けられたり，その時の状況によって迫られるようなものではないと考えられています。価値に基づいた行動とは，自分が大切にしているものに基づいて自ら選択した行動である，と考えます。

Strosahl and Wilson, 1999）と呼ばれる，新しい行動療法の中にあります。このセラピーの意味は，その名が示す通り，これまで避けていた体験を受け容れ，個々人が大切にするものやことに基づいて調和の取れた行動をすることを学ぶためのセラピーであることを意味しています。

　回避してきた体験を受け容れるということは，自分が感じていること，考えていること，気づいていることが何であれ，それらに対して心を完全に開き，進んで感じ，考え，気づこうとすることです。常に自分の価値を尊重しながら調和的に行動するということは，自分が大切にしているものを手放さずに生きていくことにつながります。この2つの過程はとてもダイナミックで，たゆまぬ努力が求められます。しかし，その努力によって得られるものは非常に大きいでしょう。アクセプタンス（受け容れること）を実践し，自分の価値に向き合いながら，人と向き合うことができたならば，今までとは比べ物にならないほど，他者と生き生きとした関係を築くことができます。本書では，あなたが自身の内なる体験を回避するのではなく，しっかりと向き合うと同時に，パートナー（大切な人）との関係に一歩踏み込むためのプロセスを辿ることができるよう，さまざまな提案をしていきます。

　本書を通して，私たちはパートナーとの絆を深めるためのレシピを紹介します。これからの人生のための料理です。それでは，食材のいくつかを詳しく見ていきましょう。

体験の回避がもたらす問題

　体験の回避は，受け容れがたい感情や考えを抱いた時に生じ，これらを排除しようとすることです。例えば，あなたが何か作業をしている時，ふと不安に駆られたとします。あなたはその時どうしますか？　多くの人は，その不安を取り除こうとするでしょう。では，人はなぜ不安を取り除こうとするのか。それは，不快だからです。人は不安に駆られた時，心臓がドキドキして，汗をかき，呼吸が速くなります。また，顔が赤くなったり，めまいを感

じたり，何も考えられなくなったりもします。「自分は一体どうしてしまったのか？　みっともない。どうしてこんな気持ちになるのだろうか，恥ずかしい……」と感じるかもしれません。

　そして，この不快な感情やそれに伴う考え（あくまでも自分の中で生じている体験）を止めることが，一番の近道のように思えます。そのためには，不安の原因となっている状況から離れるか，あるいはその状況を完全に避ける（回避する）ことが考えられます。事実，実際に回避することができれば，不安や悩ましい思考から解放されたと感じるでしょう。こうした解決策は，あなたが人生において本当に欲しいものが，幸福や喜び，愛などの心地よい感情であるならば理にかなっています。そして，あなたはこう結論づけるでしょう，「嫌な体験よ出ていけ，良い体験よ来い」と。

　さらに言えば，上述した傾向は不安に限らず，あなたが好ましくないと感じている感情や思考のすべてに当てはまります。人には回避しがちな感情があります。悲しみ，痛み，孤独，恐怖，無価値感，愛されていないという思い，失敗や軽蔑などです。これらはいずれも，消し去りたい感情でしょう。

　しかし，ここが難しいところです。私たちが生きていく上では，こうした否定的な感情を抱くような経験を避けることができません。言うならば，避けることができない，人間特有の苦しみです。仮にこうした苦しみから逃れることができるなら，人が経験するであろうことのほとんどは無くなり，壊れ，根本的に変わってしまうでしょう。この苦しみから完全に逃れるためには，人間であることをやめるしかありません。

　もしそうならば，なぜ人は否定的な感情や考えを必死に避けようとするのでしょうか。まず考えられるのは，否定的な感情は避けるべきだと教わってきた，ということです。私たちは，生涯を通して幸せであること，そして自信を持つことが重要だというメッセージを与えられてきました。こうしたメッセージは私たちの文化に根づいていて，明るい気分とポジティブな思考

が良しとされています。私たちの文化は，いかにして幸せになるかを私たちに売り込んでいるともいえます。しかし，自分自身に問いかけ，正直になってみてください。自分が実際に幸せを感じている時間は，社会的な基準とは異なることに気づくでしょう。先のメッセージを恋愛関係における期待にあてはめると，「良い関係とは，幸せな関係のことだ。あなたが幸せだと感じ，パートナーも幸せだと感じ，家族があなたの幸せを喜んでくれて，さらには犬までもが幸せだ」となります。しかし，現実はそう簡単にはいきません。

　良い関係とはなにも幸せであることではありません。良い関係とは，活力のある関係，もっといえば関係性の中で自分たちの人生を最大限に表現することです。すなわち，あなたとあなたのパートナーが不安や痛み，悲しみ，または恐怖を感じるだけでなく，喜びや愛，安全，そして幸福を感じることを意味しています。言うなれば，目標は幸福を感じることではなく，さまざまな感情を二人の関係の中できちんと体験し，なおかつそれがうまくいくことです。

　とはいえ，「すべてのネガティブな感情を感じなければいけない理由は何なのか？」「ポジティブなことだけを感じるわけにはいかない理由は何なのか？」と思うかもしれません。しかし，人が考えたり感じたりしたくないことを，一生懸命考えないように，感じないようにしていると，主に4つの問題が表れてきます。第一の問題は，歴史は元に戻せないということです。時間は一方向にしか流れません。考えたこと，感じたこと，体験したこと，観察したこと，または行なったことは過去となり，私たちはそれを元には戻せません。記憶を元に戻すことも不可能です。あなたのパートナーが受けた傷も，元には戻せません。悲しい別れの記憶は，あなたについてまわります。私たちは過去の変え方を知りません。それなのに，なぜ人は悩むのでしょうか。それは，これから先の未来を変えるために悩むのです。次に何が起こるかは，あなたが決めることができます。

　第二の問題は，「自分のことが嫌いだ」という考えを排除しようとすると，

余計にその思考が思い浮かんでしまう，という矛盾です。自分に対するネガティブな思考を排除して，より良い思考（例えば，「私は自分が好きだ」）ができるようにするためには，自分が考えたくないことも知らなければなりません。なんともやっかいです。あなたは，このおかしな状況を元に戻すために，多くの時間を費やしますか。それなら，時々自分の心が嫌なことを考えているということに気づき，事実を受け容れるほうが良いかもしれません。そのほうがとてもシンプルです。

　第三の問題は，こうした思考や感情を遠ざけようとする努力に関係しています。すなわち，人はネガティブな内的体験から逃れようとして，長い間自分自身と戦い続けてしまうことがあります。あなたの周りにもそのような人がいるかもしれませんし，あなた自身もそうかもしれません。何か辛いことが起きて（例えば，子どもの頃のトラウマ，家族の状況，愛する人との別れ，など），あなたはそのことに動揺します。痛みを感じないようにしようと，あえて忙しくしたり，そのことについて話すのを拒否したり，家族を避けたり，お酒を飲んだりします。しかし，たとえ何をしようとも，あなたが懸命に避けようとしている時に，別の何かが起こるものです。痛みから逃れようと努力しているのにもかかわらず，痛みは大きくなるばかりです。つまり，痛みを消すために時間をかければかけるほど，その痛みにエネルギーを与えることになります。もう一度言いますが，私たちは矛盾を抱えています。痛みや記憶は，気難しい，古い親戚のようなものです。結局のところ，痛みを迎え入れて，しばらくの間あなたの中においてあげたほうが良いのかもしれません。なぜなら，痛みはそうすぐには去ってはくれないのですから。

　第四の問題は，人間の核心に迫る問題です。人は痛み（例えば不安，恐怖，悲しみ）を感じます。それは誰しもが経験する，ごく自然なことです。人がどうして自然なものを不自然なものとして見てきたか，痛みに抗おうとしてきたのかはよくわかっていません。しかし，人が感じる痛みにはとても価値があります。例えば，私たちが不調を抱えている時や，何か（友人など）を失った時，痛みは自分が何を大切にしているかを教えてくれます。痛みを知らな

ければ，愛を知ることもできません。チヌア・アチェベ（Chinua Achebe, 1967, 1984）はこれを，「苦しみがあなたの心のドアをノックする。あなたはその苦しみに対してここにはあなたの座る席はないのだと伝えると，苦しみは自分の椅子を持ってきているから心配するなと言うだろう」と表現しました。つまり，ネガティブな体験を好きになる必要はありませんが，たまにはそうした体験を自分の中に招き入れても良いのです。

ここまでの話で，回避には問題があるということはおわかりいただけたと思います。しかし，なぜ人間はこんなに行き詰まってしまうのでしょうか？人はそんなに愚かではありません。私たちは常に幸せであるわけではないし，人間関係が必ずしも桃源郷ではないことを私たちは知っています。しかし，それを解決できるはずの私たちの心が，実は私たちを動けなくしているのはなぜでしょうか。

心はいつも味方ではない

「幸福の罠」と呼ばれるものから抜け出せなくなる主な原因は，自分の心との関わり方にあります。この仕組みは，F.E.A.R. と要約することができます。すなわち，フュージョン[訳注3]（融合；Fusion），評価（Evaluation），回避（Avoidance），理由づけ（Reason-giving）の４つです（Hayes, Strosahl, and Wilson, 1999）。これらのプロセスをよく見てみると，私たちがいかにして行き詰まってしまうか，また行き詰まることで私たちの人生や愛する能力がいかにして妨げられてしまうのかを理解することができるでしょう。

フュージョン（融合）

私たちは心と**融合**してしまうと，「人が心を持つ」という認識を見失い，「人と心は同じである」と認識してしまいます。融合が生じると，私たちは自分の心があたかも真実を語っているかのように信じ込んでしまいます。い

訳注3：自分の考えにとらわれてしまい，がんじがらめになっている状態のことを指します。

わば，自分と思考の区別がつかない罠に陥ってしまうのです。この罠に陥ると，まるで世界をバラ色の眼鏡で見ているような状態になります。事実，自身が色眼鏡をかけて世界を見ていることに気づかず，自身が見えているものが真実だと思えてしまうのです。例えば，「世界は不公平だ」とか「誰も私を愛してくれない」と思うかもしれません。そして，そうした考えはすぐさま力づくでも打ち消さなければならないと感じるでしょう。それもこれも，あなたが「世界は公平であってほしい」「愛されたい」と願っているからです。フュージョンは，私たちの人間関係に影を落とします。しかし，人間関係におけるすべてのことを公平にするのは，事実上不可能です。

　フュージョンの解決策は脱フュージョン^{訳注4}（脱融合：defusion）です。言い換えれば，色眼鏡を外すことです。あなたは心を持った人間であることに気づいてください。また，あなたの心の中には，あなたが子どもの頃から刷り込まれてきた膨大な情報をためた大きな銀行があり，そこにはあらゆる種類の思考（ポジティブなものもネガティブなものも）が納められていると想像してみてください。あるものはバカバカしく，あるものは深刻で，あるものは単純で，またあるものは複雑です。ボタンを押すと，心の銀行は，真実ではない，またはあなたにとって良くない情報やルールを伝えます。しかし，その情報の中には，実行可能で価値のあるルールが含まれていないわけではありません。例えば，「道路を渡る時は右を見て，左を見て」というルールは一般的に良いルールだと思います。しかし，あなたの初めての恋が成就しなかった時，あなたの心のルールには「もう二度と恋はしない」というものがありませんでしたか？　時に，私たちの心は何が一番良いのかがわからなくなることもあります。そんな時は，私たちには心があることを理解し，それを観察して，意識を向けることが，脱フュージョンのための最善の方法になります。

訳注4：自分の考えから分離されていること，考えから距離をとること，考えにとらわれないで，少し離れて見つめることを意味します。

評価

　さらには，自分が下した**評価**を信じてしまうと，身動きが取れなくなることがあります。フュージョンと同様に，評価は私たちの心の中に浮かぶものであり，取扱注意のものです。もちろん，評価ができること自体は有益なことです。評価をすることで，私たちは物事を比較したり，意思決定したり，計画したり，問題を解決したりすることができます。また，評価は物事の判断にも役立ちます。いわば，心の裁判官のようなものです。裁判官は，あなたやあなたのパートナー，そして二人の関係に判決を下します。「いい子だ！」「悪い子だ！」「失敗した！」「成功した！」というように。こうした評価に終わりはありません。繰り返しますが，身動きが取れなくなった時は一歩下がり，自分の心の動きを確認することが重要です。心はいつもあなたの味方とは限らない，ということを思い出してください。

回避

　回避の問題については，13 ページで詳しく紹介しました。私たちは回避によるコストをじっくり考える必要があります。私たちが一番伝えたかったことは，回避することによって，つながりを失うことです。あることを体験するのを避けて世界から撤退したり，後退したりすると，自分の可能性を狭めることになります。かといって，人は人生のすべてにおいて自分をさらけ出していくこともできません。私たちの行動は，時に私たちが一番大切にしているものよりも，恐怖によって引き起こされることがあります。回避は，私たちが誰かとつながったり，何かの一員になる機会を狭めうる，破壊的なものです。不安に遭遇するたびに逃げて，その結果，一時的に安心感を得られたとしても，逃げるということが強化され，人間関係を築くチャンスを失うことになります。

理由づけ

　最後は，**理由づけ**，つまりなぜそのようなことをするのかを言葉で説明することです。言い換えれば，物語を語るということです。誰が物語を語るの

かといえば，あなたの心です。「不安が強くて人と心を開いて話せない」「心を開いて話そうとすると，不安になる」といった思考は，人と話せない**原因**になってしまうようです。しかし，実際にそのような思考をしているのは，あなたの心なのです。

　私たちが，自分がとった行動の理由を他者に説明できるよう，自分なりのストーリーや理由を述べるのにはわけがあります。幼い頃からそうするように教えられてきたのです。私たちはいつも，なぜそんな行動をとったのか説明するよう求められてきました。しかし，この「説明」が持つ意味について，もっとよく考えてみてください。あなたは自分の考えと反対のことをすることもできるし，何もしないでもいいし，その考えの通りにすることもできます。本来であれば，自分が何を考え，行動するかは自分で選ぶことができます。不安やその他のネガティブな感情を感じていたとしても，自由に話すことができるはずなのです。

　フュージョン，評価，回避，理由づけを行うことで，ある種の関係性は維持されています。しかし，前述の通り，自分は常に幸せであるべきだ，というストーリーを信じ込んでしまうことは問題です。たとえあなたの心が，あなたの体験は好ましくないとか，特定の感情，思考，感覚は悪いもので，排除すべきだと言ったとしても，あなた自身はそれらをあるがままに捉え，そこに価値を見出すことさえできるはずです。

　私たちは，幸せを願うべきではないとか，幸せを望んではいけないと言っているわけではありません。自分の人生を犠牲にすることなく，幸せになってほしいのです。本書では，あなたが自分の人生や人間関係に対して，柔軟に生き生きと取り組めるようお手伝いしたいと思っています。

　ここまで，あなたの心はいつもあなたの味方とは限らないこと，そして体験の回避が問題になり得ることを説明してきました。そして，いくつかの簡単な解決策を提案してきました。さらに有用な方法として，本パートで述べ

たアクセプタンス＆コミットメント・セラピー〈以下，ACT（アクトと読みます）；Hayes, Strosahl, and Wilson, 1999〉があります。ACTは人々が自分の心との関係を変え，大切なものを受け容れ，その先も大切にしていけるよう，導いてくれます。

ACTは，6つのコア・プロセス[訳注5]（Luoma, Hayes, and Walser, 2007）を用いて，人々が自分の体験に気づき，自身の力で人生を豊かにしていくことを教えてくれるはずです。

1. 自分にとって最も重要なこと，あるいは個人的な価値を明確にすること
2. 自分と他者を受け容れる力を養うこと
3. 融合してしまった心との関係を変えること（脱フュージョン）
4. 目の前の体験により十分に触れ，今この時を十分に生きること
5. 思考，感情，その他の内的な体験，文脈としての自己[訳注6]と呼ばれる視点から自己のより大きな感覚に触れること
6. 人生に価値をもたらす行動やその行動のパターンをますます大きくしていくこと（コミットされた行為）

これらの6つのプロセスは，人間について十分に認識した上で，今この瞬間に触れることと，自分や他者を受け容れるため自分が大切にするものに従って行動することを支援します。以降のパートでは，それぞれのプロセスについて紹介していきます。本書の各パートを通して，皆さんの人間関係が発展し，生き生きとした，素晴らしい旅路となることを願っています。

訳注5：ACTの6つのコア・プロセスは，①脱フュージョン（思考の観察），②アクセプタンス（心を開いて受容する），③「今・この瞬間」に触れる，④観察する自己，⑤価値（何が重要であるか），そして⑥価値に基づいた行動（必要なことをする）の6つだとされています。

訳注6：パート6で詳しく紹介しています。

パート2

あなたが大切にしたいもの，
活力ある関係性のために（価値）

2

自分らしくいること（真正性）

凡夫が知識を得れば賢者となり，賢者が理解を得れば凡夫となる。
禅の言葉

　私たちはしばしば，「彼女は誠実さに欠ける」「彼は自分のことで精一杯だ」といったパートナーに対する不満を耳にします。それと同時に，「なぜ彼は彼女のそんなところを見抜けなかったのか？」「彼女はどうやって耐えているのか？」といった疑問が浮かびます。また，彼らがどうやってそのような関係を築いたのか，不思議でもあります。しかし，よく考えてみれば，私たち自身もまた，常に自分らしくいられるわけではありません。人生のあらゆる場面で正直であり続けることは，難しいものです。

　自分らしくいること（真正性）を理解する上で，人の価値とは「結果」ではなく，「プロセス」にあると覚えておくとよいでしょう。あなたがありのままの自分であろうとしても，時には，外からの働きかけや圧力に邪魔されることがあるかもしれません。この場合，どれくらい自分の信念に正直でいられるかは，自分自身で選ぶことができます。

　自分を偽ることなく対人関係を築くことは重要ではありますが，同時に危うくもあります。私の友人はかつて，「人間関係において私は自分らしくいられるわけがないし，うまくいくわけがない」と不満をこぼしていました。

彼女の話は次のようなものでした。「インターネットでいろんな人と楽しく
やりとりしている。みんな返事をくれるし，メールでのやりとりを通して素
晴らしい時間を過ごしている。自分から実際に相手に会ってみようと決めて，
会う時もあるわ。すると，彼に会うなり，私は彼が求める私にならなきゃい
けないって感じるの。そうしないと，この関係はうまくいかないって思うの
よ。ひょうきんな自分はいなくなって，相手が求める自分が顔を出す。相手
に必要とされ，喜ばれるような自分。まるで別人になったみたいにね」。つ
まり，彼女はパートナー候補の男性といざ付き合うと，遅かれ早かれ，本当
は別人だと見破られ，ふられてしまうという問題を抱えていました。

　人は特に，パートナーを求めている時やパートナーとの関係を維持したい
と思っている時，ある種の好ましい人物像を演じなければならないと考え，
大きなプレッシャーを感じます。実際，「彼女は私が思っていたような人で
はなかった」「結婚してすぐに，まるでまったくの別人が現れたかと思った」
といった話をよく耳にします。これらは，自分を偽ることで生じる代償の顕
著な例です。偽りの行動は，自分や他者に苦痛を与え，最終的には親密な関
係をも妨げることになります。

　では，私たちはどうすれば良いのでしょうか。その答えは，本当の自分や
自分が大切にしているものにきちんと目を向けて，それらを自分の人生に生
かそうとする努力を惜しまないことです。

　付き合い始めたばかりの頃は，相手に拒絶されることを恐れたり，不快感
を与えないようにと，自分の一部を隠そうとすることがあります。こうした
ことはある程度，誰にでも見られる行動でしょう。しかしながら，私たちは，
付き合い始めの大変な時期であっても，自分らしく振る舞うことをお勧めし
ます。これは決して簡単なことではありませんが，最初から無理だと諦めて
しまう前に，一度試してみてください。本当の自分を隠さずに，表に出して
みましょう。そしてその結果，何が起こるかを見てみましょう。例え，自分
がなんだか愚かなように思えても，何も問題はないはずです。一生惨めな思

いをするよりも，一日だけ愚かな自分でいることを試す価値はあるはずです。

　ありのままの自分でいるためには，自分を知らなければなりません。自分がどんな人間か，どんなことを大事にする人なのか，こうした自分に関する知識に一致する行動を明らかにしていきましょう。これは時として難しいことであり，ある種の義務を伴います。しかし，大切な人と真摯に向き合うことは尊いことです。ありのままの自分でいることは，人間関係で生じる苦痛や困難を和らげるだけでなく，最終的にはそれらを防いでくれるようになるかもしれません。

ありのままの自分でいるためのワーク

1. 静かな場所でふりかえりの時間を設けましょう。あなたの人間関係において，本当の自分をないがしろにしている場面を考えてみましょう。何があなたをそうさせてしまうのでしょうか。それは恐怖でしょうか？別の感情でしょうか？「もし，恐怖心が自分を支配しておらず，そうした感情があっても，ありのままの自分でいることを選択できるとしたらどうだろうか」と自問自答してみてください。何かいつもとは違うことができそうですか。ありのままの自分に近づくために，小さな行動を起こしてみませんか。もし，人との関係において，自分らしくいることができたなら，自分を褒めてあげましょう。

2. 自分らしくいる練習をしましょう。
   - 自分の好きなこと，嫌いなことに気づく練習をしましょう。
   - 自分のことを他者と共有しましょう。
   - 自分らしく振る舞うことにこだわりすぎると，他者と意見の齟齬が生じることに注意しましょう。
   - 自分らしくあることの中には，他者との関わりを大事にしたい，親密になりたい気持ちが存在しているはずです。それを探してみましょう。
   - あなたの存在そのものを大切にしましょう。

3

誠実さ

私はこの政務をやり遂げ，いよいよ政界を退く時，
地球上の友をすべて失ったとしても，私には一人の友達が残っています。
それは私の中にいます。
エイブラハム・リンカーン

　誠実さを大切にして生きるということは，とても単純明快なことのように
聞こえるかもしれません。自分の原則に沿って行動する，正しいと思うこと
に従って選択するだけのように聞こえますが，そう簡単ではありません。

　自分の主義主張がはっきりしていると思われる人でさえ，誠実に生きるこ
とは難しいものです。例えば，あなたはこれまで，パートナーに対して，本
当は間違っているのに，「何でもない」と言ったことはありませんか？　あ
るいは，些細なたわいもない嘘をついたことはないでしょうか？　誠実に生
きるということは，時に困難なことでもあります。

　では，誠実に生きるにはどうすればいいのでしょうか。最初の一歩は，気
づくことです。あなたが真に大切にしているものや，それらに沿った多くの
行動に気づけていないと，誠実に対応することはできません。この気づきを
得るためには，何があなたにとって正しいかを教えてくれる「内なる声」に
耳を傾けてください。この内なる声を聴くのに，難解な哲学や詳細なルール

は不要です。あなたの心の声がガイド役になってくれます。立ち止まって耳を傾け，あなたに語りかけてくる情報を確認してください。心の声は，あなたが真に大切しているものに向かってまっすぐに指し示すコンパスのようなものです。道を見失わないよう，何度もそこに立ち返ることが大切です。

　もちろん，定期的に自分の内なる声を意識することは難しいかもしれません。あなたが自分の心の声に耳を傾ける時，それが矛盾したメッセージに聴こえることもあるかもしれません。こうした場合には，目先の結果（何をするか・しないか）ではなく，長期的なプロセス（それによって自分はこの先どうなっていきたいか）に焦点を当てることを覚えておいてください。この作業をゆっくりと行うことで，気づく力を養うことができます。あなたが人と会話をする前に少し考える時間を取り，あなたは今何をしようとしているのかを明確にする時間を設けましょう。あなたの誠実さが試される場面では特に重要です。自分の感情に気を配り，「まあ，今回だけはいいかな」というような先延ばしの考えに惑わされて，自分が大切にしているものから遠ざかってしまわないように注意しましょう。

　第二に重要なことは，誠実に生きていくには責任が伴うということです。責任とは，自分に落ち度があるということではありません。むしろ，どんな状況でも，あなたは自分の価値に沿って行動することができるのだと認識することです。あなたには常に自分の価値に沿って選択する権利があります。自分の価値に沿った選択をすることができた時，あなたは誠実に生きていると言えるでしょう。

　人間関係において誠実であるということは，複雑なプロセスを含んでいます。例えば，何か深刻な問題があるのに，パートナーに対して「何でもない」と言うことが習慣になっている状況を考えてみましょう。この場合，誠実さとは何か，二人の関係が誠実であるかについて，パートナーと直接話し合うことから始めることもできます。それが難しかったとしても，二人の間に何が起きているかを共有することはできるでしょう。パートナーとの間に何か

問題がある時，「何でもない」と言わずに，誠実でいる方法はいくらでもあります。例えば，「何かおかしい。今の出来事にがっかりしている」と言っても構わないし，「私は傷ついているけど，今はそれについてうまく言葉にできない。少し時間をくれない？」と言っても良いのです。もしくは，「それって何かおかしいと思うのだけれど，私たちの以前のやりとりを引きずっているだけかもしれない。もう少し考えてみるね」という返事もありそうです。こうした発言は，「何でもない」に比べて，あなたが本当に感じている表現にはるかに近く，あなたが真に大切にしているものを守り続けることができるでしょう。

　些細な，他愛ない嘘についてはどうでしょうか？　相手に害を加えるつもりもなく，無邪気に話しているだけの嘘であったとしても，一度パートナーと会話をする価値があるかもしれません。

　ケビンは誠実さを大切にし，自分に対して正しく，正直なことを伝えるように日頃から心がけています。彼の妻サラはよく，「この服はどう？」と尋ねます。その服がケビンの好みではない場合，彼には「ああ，とてもきれいだよ」と嘘をつくか，「ねえ，その服は君にはきつすぎるんじゃないか。寝床でよちよち歩きするアヒルみたいだよ」と本当のことを言うか，2つの選択肢があるわけです。後者の選択はサラを不機嫌にさせ，ケンカになるかもしれません。とはいえ，嘘をつけばサラの不機嫌は免れますが，彼女はその晩，その服を着てアヒルのようによちよち歩きをすることになります。

　すなわち，このカップルは，軽い嘘と真実について話し合う必要があります。具体的には，彼女が自分の服がどう見えるかを尋ねたら，二人の間には何が起きているのかをオープンに話し合うとよいでしょう。サラがケビンに対して何を着ていても彼は自分のことを愛していてくれるという安心感を求めているだけならば，ケビンは尋ねられるたびにサラに素敵だと言うべきだ，という話になるかもしれません。二人がそれを望むなら，ケビンはサラが望む安心感を与えるために軽い嘘をつき続けることもできます。また，二人と

もそれが嘘かもしれないことに勘づいてもいるので，ケビンは誠実に話すという選択をすることもできます。サラが真実を聞きたい場合には，二人は優しく，相手を傷つけないやり方で感想を伝えるにはどうしたら良いかについて話し合うことができます。ケビンは，「正直に言って，その服はお世辞にも似合っていないよ。この前着ていた黒い服は本当にセクシーだったよ」と言うかもしれません。結果的に二人は話し合いをして，サラは本当のことを聞くことに同意しました。そして今，ケビンはサラを傷つけないやり方で伝えるようにしています。

　さらに，より複雑な状況で誠実さが問われると，カップルはどうすべきかわからなくなってしまいます。例えば，以前交際していた相手に「電話をしていない」と嘘をつくこと，本当はあなたは同意していないのに相手に合わせること（例えば，お酒を飲んだ後にパートナーが運転すること），あなたの心の奥底で感じている感情について正直に伝えないこと（例えば，お金の問題や今の二人の関係について，どれだけ不安に思っているかを言わない）などがあります。時に，こうした問題は，二人の関係に深刻な結果をもたらすことがあります。「Yes」と言うことが最も簡単なルートであるにもかかわらず，あなたのパートナーに「No」と言うことを求めているようなものかもしれません。マハトマ・ガンジーはかつて，"最も深い信念から発せられた「No」は，単に喜ばせるため，関係を悪化させないために，あるいはトラブルを避けるために発せられた「Yes」よりも優れていて，すばらしいものだ"と言っています。

　一般的に，自分が誠実であると思うことを貫き通し，それと調和して行動し続けることで，あなたは自分の心の中に一人の友人がいることに気づくでしょう。その友人は，自分の心の声に耳を傾けることで出会うことができます。そして，それは思いがけないかたちで，パートナーのことも助けることができます。あなたのパートナーもまた，自分の誠実さを代弁してくれる声を見つけることができるかもしれません。

誠実さのワーク

1. あなたの人間関係において，あなたが誠実でなくなってしまう瞬間はどんな時か，ふりかえってみましょう。その時，あなたは嘘をついたり，自分の本音や本当の気持ちを言わなかったかもしれません。それによって，あなたがどのように感じたかを思い出してみましょう。今，あなたの心の声はそのことについて何と言っていますか？　あなたが（その時）すべきだったことは，何だったのでしょうか？

2. あなたが進もうとする道から外れないようにしましょう。人間関係において誠実に生きるための一歩を踏み出してみましょう。間違いに対して正直に，そして自分の感情に正直になりましょう。長年の心配事を打ち明けてみましょう。この課題を通して世界を正す必要はないのです。あなたが気にかけている小さなことを 1 つずつ解消していき，その時に何が起きるかについて目を向けてみましょう。

4

忠実さ

忠実さは，愛が本能に勝るところに宿る。
ポール・カーベル

　忠実さをわかりやすく解説することは困難です。なぜならば，この一見すると神聖な言葉は，偽りなく居続けることと信頼を構築することを意味するだけでなく，パートナーとの浮気によって引き起こされる深い苦しみとも関係しているからです。

　まず，悪いニュースから話を始めましょう。人は浮気をすることがあります。ある調査によれば，男性の25%，女性の12%が浮気をしているとの報告があります（Laumann et al., 1994）。パートナーが浮気をする理由はさまざまですが，通常，浮気は（今の）関係に何らかの問題があることを示しています。もちろん，何の問題がなくても浮気が起こることもあります。いずれにしても，浮気が発覚した後の喪失感や裏切られたという思いは，二人の関係に大打撃を与えます。裏切られたという感情は，浮気をされた者にとっては長期にわたる不信感や怒りにつながり，浮気をした側にとっては罪悪感や後悔を経験することになります。

　良いニュースとしては，浮気した後に愛情関係を取り戻すことができるカップルもいます。当然，失われた信頼感を取り戻すのに苦労はしますが，

決して不可能ではありません。本セクションが目指すところは，忠実さの価値と，忠実さを生み出す方法について紹介し，希望を与えることです。

「忠実さ（faithfulness）」という言葉は，ラテン語で「信頼する」という意味の fides に由来します。「信頼」という言葉は，木を意味する dru という古い言葉が元になっており，樫の木のような堅実さを意味しています。つまり，忠実さとは，樫の木のように堅実で誠実であり続けることなのです。

忠実さというと，多くは相手に尽くすことを意味しますが，重要なことは自分自身に対して忠実であるかどうかです。自分自身の誠実さや信頼性を大切にしていれば，パートナーに対して不誠実な態度をとることは難しくなります。しかし，実際のところはどうでしょうか？　相手に対して忠実であることと不貞は，どこで線引きされるのでしょうか？　パートナーがいても，他者に魅力を感じるのは自然なことです。あなたはパートナーと一緒に，どこからが浮気になるのか，あるいはお互いに浮気する・される可能性について，一度は冗談交じりに話をしたことがあるかもしれません。

レジーとジャズミンの例を見てみましょう。彼らは浮気について，気軽にお互いに冗談を言い合って楽しんでいました。彼らの浮気は一線を超えるものではなかったし，パートナー以外の相手との付き合いも短期間で終わっていました。彼らはそれぞれ，相手を傷つけたくないと思っていることは明らかでした。浮気がただのお遊びを超えて本気であるかのような印象を相手に与えないよう，互いに細心の注意を払っていました。彼らはお互いにカップルとして，自分にも相手にも誠実な立場を取るということを示す例でした。

トムとカレンの場合は，忠実さに対する心構えとして大事なことを見逃していました。トムは市のソフトボールチームの女性たちと絶えずいちゃついていました。トムは女性たちに対して，ウィンクをしたり，性的な発言をしたり，さらに時には体に触れることもありました。カレンはこれを受け容れ，ある程度のいちゃつきは普通のことだと思い込むようにしました。それでも，

彼女はしばしば傷ついていましたし，トムから距離を置こうとしたこともありました。トムはそのことについて，それは誤解であって，カレンが深刻に受け取りすぎなのだと文句を言っていました。

　トムはカレンを愛していました。彼は浮気したことはありませんし，他の誰かに言い寄られたということもありませんでした。問題は彼の姿勢であり，浮気をしているように見える態度や，自分のパートナーを軽視するような態度を示したことにあります。このため，トムが他の女性とセックスをしたわけでもなく，カレンを愛していると言っていたとしても，カレンから見れば，彼が無実だとは思えなかったわけです。トムの友人たちは，トムがカレンを傷つけているだけでなく，トム自身のことも傷つけていることを指摘しました。それは，彼が周囲からひどいやつだという評価をされていたからです。これは，トムが望んでいることではありませんでした。彼の行動は彼自身が大切にしている価値や，彼自身がありたい姿とも一致していませんでした。その結果，彼は自分の行動をもっと意識する練習をして，他者とほどよく線を引くようになりました。

　カレンとトムの状況は，パートナーに対して不誠実であることと，自分に対して不誠実であることが密接に関連していることを示しています。どちらの場合も，本質的な価値は同じです。だからこそ，浮気をした人（トムのように浮気しているように見える人）は，罪悪感や心の葛藤を強く感じることが多いのです。自分の心の奥底にある価値観に反する行動をとるのは，とても辛いことです。忠実に生きるためには，一線を越えた時の他者に与える影響と，自分自身が払う代償の両方を意識することが重要です。

　ここまでは，比較的軽めの浮気の話を例に挙げてきました。しかし，あなたがパートナー以外の人と一緒になることを真剣に考えたり，性的な感情を抱いたりしたとします。そうなった場合，どのようにして忠実さを保つことができるでしょうか？　私たちは次のことを提案します。まず，近くでハチがブンブンと飛んでいるかのように，あなたの思考や感情は頭の中を行った

り来たりするものだということを認めましょう。あなたが飛び回るハチを叩いて走れば，ハチは興奮してあなたを追いかけてきます。一方，あなたがあるがままの姿勢でいれば（つまりハチを相手にしなければ），ハチは勝手に離れていくでしょう。しかし，注意してください。これは，飛び回るハチもいつかは巣に戻るように，放っておけばいずれ問題が解決されるということを意味するものではありません。こうした感情や思考を積極的に楽しんだとしても，頭の中を自由に行き来させて良いわけではありません。第二に，常に感情と思考と行動は別物であるということを覚えておいてください。そうすれば，あなたは誘惑に負けず，常に忠実に行動することができます。

　老いた樫の木のように，自分自身や他者との愛の誓いを揺るぎないものにしておくことは，追求するだけの価値があり，あなたにとっての財産となります。忠実さがなければ，関係を深めることはできません。というのも，物事が難しくなったり，混乱したりすると，簡単に互いの結びつきが離れてしまうからです。忠実な行動を実践してこそ，良い時も悪い時も親密さを保つことができ，成長することができるのです。

忠実さのワーク

　自分の心の内側を，思いやりや親しみを持った眼差しで見つめる時間を設けましょう。あなたにとっての忠実さの価値について考えてみましょう。

- あなたにとって忠実さとは，どのような性質を持ったものでしょうか？
- 最も役に立つと思う表現（比喩，色，質感，音など）を使って表してみましょう。
- 自分自身に忠実である，とはどういうことでしょうか？
- 他者に忠実である，ということはどういうことでしょうか？
- 上記2つの問いからわかった自分や他者への忠実さが，今の自分の姿とは違うと思う場合，それはどのようなところでしょうか？

　そっと目を閉じて，深呼吸をしましょう。あなたの心に，野原を思い浮かべてください。野原の真ん中に樫の木が立っています。誘惑の風に吹き飛ばされることなく，しっかりとそびえ立つ木が立っていることを想像してみてください。2～3分間，根付いた木がびくともしない様を体験しながら，このイメージの中で休息をとってください。自分の言動に忠実に行動することを優しく誓いましょう。誓いを立て終わったら，何度か深呼吸をしてから，ゆっくり目を開けてください。

5

情熱

私はあなたに夢中になっている。あなたの目，口，そして思考を奪いたい！
ナンシー・ローズ・ミーカー

　情熱は，私たちを惑わせます。情熱は，私たちのこれからの人生で，常に
パートナーと激しい感情的な体験をすべきだと信じ込ませようとします。情
熱は，しばしば私たちに，本当の愛とは深くて強烈な感情で満たされていて，
それが人とのつながりの基礎となっているのだと信じさせます。しかしよく
考えれば，これが誤りであることがわかります。

　強烈な感情だけで成り立っている人間関係には，少なくとも３つの欠点が
あります。それは，状況によって変化すること，いつかしっぺ返しを受ける
こと，そして愛する人が過度に理想化され，絶対的なものとしてみなされやす
いことです。その後，状況が変化するにつれて，あなたの愛が憎しみに
変わることがあります。パートナーがあなたの気に入らないことをして，あ
なたは仕返しをする。パートナーが自分の思っていた通りの人ではないこと
に気づき，失望感に包まれる。そうなれば，二人の関係は終わりが近いで
しょう。

　しかし，情熱を真に大切なものであると認識することによって，情熱的な
人間関係を築くことは可能になります。私たちは，あたかも情熱がどこかに

あるかのように情熱を探し求めがちです。しかし，情熱は私たちとともにあり，また私たちの家の中にも存在しています。インドの詩人カビルは，「水中の魚が喉の渇きを感じていると聞けば，おかしくて笑ってしまう」と表現しました。言い換えれば，情熱はすでにあなたのもので，あなたは情熱を渇望する必要はありません。情熱をどのように二人の関係に引き込むかについて考えれば良いだけなのです。

　フアンという男性は，友人のスティーブとの冗談話の中で，自分の結婚生活は「昔と変わらない」と言いました。それに，「厄介な妻のもとへ帰らないといけない」とも言っていました。彼は帰る前，自分の妻のことを「僕を楽しませてくれない意地悪な女」と口にしていました。これに対してスティーブは，「僕は自分の結婚に満足している」と答えました。さらに，「もし君が自分の結婚に不満を感じているのなら，それは結婚に不満なのではなくて，自分に満足していないのかもしれないね」と付け加えました。スティーブは，自分が人生を生き生きと過ごしているのは，そして自分という存在に活力をもたらしてくれるのは，自分の妻との関係性のおかげだと説明しました。こうした発言から，フアンの妻との関係が枯渇しているのに対して，スティーブの妻との関係は生き生きしたものであることがわかるでしょう。スティーブは，このやりとりの中でも自分の結婚生活に活力を吹き込んでいました。人間関係に活力をもたらすのは，自分の選択次第なのです。上記の例はさておき，あなたが自分の関係に活力があるかないか，情熱があるかないかを見極めることが重要です。

　活力とは，生き生きとしたものとそうでないものを区別する力です。あなたのパートナーとの関係は生き生きとしていますか？　それとも停滞して，飽き飽きとしていますか？　もし後者なら，あなたはパートナーとの関係に興味関心や情熱を注ぐことを忘れていないでしょうか。パートナーに対して，常に情熱を注ぎ込むことはとても難しいことです。しかし，パートナーにあなたの情熱を示すために，あなたが毎日できることは何でしょうか？それは，ちょっとした行動でも良いのです。例えば，以下のことを試してみてはいかがでしょうか。

- 心を込めて相手の話を聴く。相手の言葉，笑い声に耳を傾ける。
- パートナーがそこにいてくれることを意識して，その存在に感謝する。
- 相手の身体に気を配り，一緒に年を重ねていることに感謝する。
- 相手の動きに気を配り，気まずい雰囲気であっても優しくする方法を探す。
- 相手の魅力的な部分に注目する。
- 相手が興味を持っていることを尋ね，その反応に耳を傾ける。
- （意識的に）一緒に横になる。
- 散歩中，パートナーの手に触れてみる。
- パートナーの趣味を教えてもらい，誠意をもってそれを一緒に試してみる。
- パートナーが本当に欲しいものに，少しお金をかけてみる。
- 自分に何ができるのかを尋ね，それを実行する。

　毎日のやりとりの中で，マインドフルな意識と関わり方を身につけて，二人の関係性が大きく前進するのを見守りましょう。

情熱のためのワーク

　他者に対して，情熱（または強い関心）を抱いた時のことをふりかえってみましょう。その人は誰でしたか？　あなたとその人との関係はどのようなものでしたか？　あなたがその人のどんな一面に引きつけられたかを思い浮かべてみましょう。あなたが相手に関心があることを示すために，どのようなことをしたのかメモしてみましょう。こうした情熱的な活動を１つずつ挙げてみましょう。そして，その中から１つを選び，現在のパートナーにも同じことをしてみてください。

6

優しさ

最も壮大な優しさの意図よりも，
最も小さな優しさの行為のほうが価値がある。
オスカー・ワイルド

　優しさは称賛されるべきものとして，長い間認識されてきました。仏教では慈（mettā）が説かれ，あるいは愛深き優しさを大事にしています。ユダヤ教戒律のタルムードでは「優しさの行為は，すべての戒律に等しい」とされています。キリスト教の聖書のコリント人への第一の手紙には，愛とは「忍耐強く，優しいこと」と書かれています。加えて，孔子は「優しさには，優しさをもって報いるように」と信徒たちに伝えています。一般的に，人々は優しさの重要性を認識しており，1万6千人を対象としたある調査では，パートナーに最も望ましい特徴として優しさが選ばれています（Buss, 2003）。

　出会ったばかりのカップルには，優しさが生まれやすいものです。相手に好かれようと，花を贈ったり，手にキスをしたり，甘い言葉が書かれたグリーティングカードを気軽に贈ったりします。しかし，時間が経つにつれ，こうした細やかな気遣いや優しさが失われていくことがあります。行動だけでなく，言葉も同様です。私たちは優しくあろうとすることを忘れてしまうのです。

　優しさを忘れてしまうのには，忙しすぎたり，日々の煩わしさに悩まされたりするなどさまざまな原因が考えられます。関係に慣れすぎていたり，自分が優しくしていなくても，パートナーは自分の優しさを理解しているはずだと思い込んでしまうこともあります。また，苦痛や怒りの感情から，あえて積極的に優しくしないようにしていると見えることもあります。最初の2つは，意図的に優しさを示すことで，比較的簡単に解決されます。しかし，最後の1つは，意図的に優しさを保留するため，より陰湿です。なぜならば，自分の価値に反した行動を意図的にとることは，本来は受け容れにくいはずだからです。

　しかし，「私のパートナーは，優しくするに値しないことをしている」という反論があるかもしれません。ここからが本題ですが，まず「誰かが自分に優しくしないから自分も優しくしない，というのは，自分の価値を生きていると言えるのか？」と自分に問いかけてみてください。もし答えが「Yes」なら，あなたにとって自分の価値を生きるということは，他者の気まぐれに左右されることになります。これでは自分の立場が弱くなり，他者に失望させられ，不必要な苦痛を味わうことになります。自分の価値観を他者の気まぐれに頼るのではなく，自分の活力と行動を自分でコントロールしてみませんか？　カップルの研究で有名なゴットマン夫妻は，幸せなカップルはそうでないカップルに比べて，より大きな愛情と優しさを示すと報告しています（Gottman, Gottman, and DeClaire, 2006）。

　ディオンとロビーは，交際を始めたばかりの頃，何度も別れるような不安定な関係でした。二人はある周期的なパターンに気づきました。つまり，しばらくの間はうまくいきます。お互いに褒め合ったり，感謝の言葉を言ったり，家事をしてあげたり，本当は参加したくない家族のイベントに参加したりします。しかし，そうした関係が続くと，次第にそのような優しさが失われていき，相手の関心を引こうとして，お互いに文句を言い始めます。イライラや憎しみが募り，ついには喧嘩別れしてしまう。その後，悔い改めて相手に優しくする期間が続くといったサイクルの繰り返しでした。

　ロビーはようやくこのパターンに気づき，二人の関係が落ち着きを取り戻してからも，相手に優しくする習慣を続けることにしました。これがなかなか難しい時もありました。彼女の優しい行動は，常に自分の感情と一致しているわけではありませんでしたが，彼女は粘り強く続け，3日後には新しいパターンが生まれていることに気がつきました。すなわち，彼女が褒め言葉や優しさを示した時は口論が減り，相手への関心がより多く自然に向けられるようになったのです。それぞれが「手抜き」をしたり，優位に立とうとするのを止め，普段から優しくするようにしたのです。現在，ロビーとディオンは幸せな結婚生活を送っています。彼らは初期の別れをふりかえり，あの辛いやり取りが過去のものになったことに感謝しています。

　ここで重要なメッセージは，一貫性です。優しさを示す行動を取り続けることを習慣にしましょう。あなたの気分の良し悪しで，相手に対する行動を変えるのは間違いです。また，常に優しさを感じる必要はないということも，覚えておきましょう。あなたにその気があってもなくても，パートナーに優しさを示すことはできます。また，そのための方法を自分で考えて挑戦することもできます。

　最後に，「小さな優しさは，大きな意図よりも価値がある」ということを覚えておいてください。パートナーを余分に10分寝させてあげる，あるいは寒い朝に車のフロントガラスをきれいにしてあげるといったような，小さいけれど，「私のためにしてくれてありがとう」と言われるような優しい行動が，二人のつながりの基礎となるのです。自由な発想で優しさを示しましょう。

優しさのためのワーク

　あなたのパートナーのことを少し考えてみてください。あなたのパートナーが笑顔になるような，ちょっとしたことはありますか？　パートナーに対して何か優しい行動をすることができますか？　すぐにでも実践できそうなことを見つけたら，意識して今日にでもやってみましょう。そして，明日も次の日も，その次の日もやり続けてみてください。

7

愛

あなたを愛しています。ありのままのあなただから。
そして，あなたと一緒にいる時は，ありのままの私だから。

ロイ・クロフト

　愛は偉大です。昔から，人は恋に落ちてはまた恋に落ちるということを繰り返しています。これまでにも哲学者や科学者たちは，愛を解き明かそうとしてきましたが，最終的には，人は自分にとって愛とは何かを自分自身で発見しなければなりません。それは，言葉では言い表せないような感情かもしれませんし，あなたの心にはっきりと浮かぶ思考かもしれません。いずれにしても，愛を大切にして生きていく上では，行動を起こすことが何より重要です。いわば，愛とは「愛する」という動詞で表現されるべきものなのです。

　そこで問題となるのが，「愛を感情ではなく行動として捉えた時，愛のあるパートナーになるにはどうしたら良いか」ということです。私たちは，愛という感情を捨てることを推奨しているわけではありません。愛という感情は素晴らしいものであり，私たちはそれを支持します。しかし，愛を行動に移すことをよりお勧めしています。多くのカップルは，自分たちの関係に愛が感じられないのは，何かが間違っているからだと思い込み，問題だと捉えます。これは自然なことです。しかし，愛が持つ，素晴らしい，ワクワクするような感覚をいつも感じられるとは限りません。時には，愛が遠い世界の

ことのように思えるほど，パートナーに怒りを感じることもあるかもしれません。しかし，そのような場合でも，あなたは意識して愛情を持って行動することを選択することができます。愛するという行動を選ぶのです。それは，意図的に愛を自分の人生に引き入れるとも言えます。

アナイス・ニンは，「愛は自然に死ぬことはない」という言葉を残しています。愛が死ぬのは，私たちがそれをないがしろにしたり，飽きてしまったり，目を背けたり，物事がうまくいかない場合に逃げようとするからなのです。関係がうまくいかなくなるのはどうしてなのでしょうか。それは愛を行動ではなく，感情として扱うからなのかもしれません。

例を挙げましょう。シーラがジェリーと付き合い始めた時，二人のデートは楽しくて活気に満ちていました。二人は恋に落ち，結婚の話もしていました。しかしその後，ジェリーの仕事が忙しくなりました。彼は心からシーラを大切に思っていたのに，一緒に時間を過ごすことができませんでした。最初のうちは彼女も理解しようとしていましたが，1日，2日と電話のない日が続くと，シーラは傷つき，不安になりました。シーラはジェリーに，このままの関係が続くようであれば別れると脅しました。ジェリーはシーラと一緒にいたいと思っていたので，彼はこれまでよりも定期的に電話をしようとしました。しかしその後，彼はデートをキャンセルしなければならないこともあって，彼女は再び不安になりました。彼女が別れると脅かすたびに，ジェリーは神経質になり，彼は今まで以上に努力をしました。最終的に，彼は一線を引くことにしました。シーラを喜ばせ続けられるかどうか不安を感じていた彼は，彼女が不安を感じるたびに「別れる」と脅すことに傷つき，怒りを募らせていました。彼は「君が再び別れを口にしたら，もう終わりにしよう。僕が君をどれだけ愛しているか，君は知っているはずだ。なのに，その場の感情で関係を終わらせようとするなんて，信じられないよ」と言わざるを得ない思いでいました。

ここでは，シーラが愛を感じれば留まり，不安を感じれば別れると脅すと

いうように，感情に基づいて関係を維持していたことがわかります。このような感情は，現れては消えていくものです。もし，シーラが交際を続けると約束し，交際を続ける前提で行動したら，どうなるでしょうか。シーラとジェリーは，その時々の感情に左右されることがなくなり，二人の関係はまったく異なるプロセスを辿るでしょう。

　他者と深くつながろうとする時，さまざまな感情が交錯するのは自然なことです。その豊かな体験は，親密さと成長の糧となります。なにも，あなたに「こうしなければならない」とか，「できないなら諦めましょう」ということを求めているわけではありません。むしろ，あなたが今の関係を大切にしながらパートナーと関わり，相手に伝わるかたちであなたの愛を示すことを求めています。あなたは毎日，「今日，私はパートナーをどのように愛することができるだろうか？」と自問するかもしれません。また，気が動転している時には，落ち着いてこう考えてみましょう。「愛をどんな行動で示すことができるだろう？」と。人を真っ直ぐに愛すると心に決め，生活に愛を取り入れてみてください。大げさな愛を体験する必要はありません。お互いに愛し合うための方法は，いつでも見つけることができるでしょう。

愛する行動のためのワーク

　自分自身に「今日，パートナーに対してどのように愛情を注ぐことができるだろうか？」と問いかけてみてください。何か思いついたら，それを実行してみましょう。私たちからの提案は，以下の通りです。

- 不満を口にする代わりに，流し台の泡を拭き取ろう。
- パートナーの枕の上にキスチョコ（一口サイズのチョコレート）をそっと置いてみよう（それについて話題にする必要はありません）。
- お願いされなくても，ゴミ出しをしてみよう。
- 頼まれなくても，肩を揉んであげよう。
- 「好きだよ」と伝えよう。
- たとえあなたにその気がなくても，相手を褒めよう。

パート 3

自分とパートナーを受け容れる

（アクセプタンス^{訳注7}）

訳注7：アクセプタンス（acceptance）は「受容，受け容れること」と訳されるもので，ACT の重要なキーワードとして使われています。私たちの頭の中に生じる思考は，ただの言葉でしかない，考えでしかないと捉え直し，思考も感情もそれはそれとして否定せずに受け止めることで，人は自由に動くことができるようになると考えます。

8

人間関係において「受け容れる」ということ

愛するということは，共にいるということ。
それはつまり，
ファンタジーの世界から永続的に人を愛することのできる世界が立ち現れ，
相手と向き合い，骨の髄まで，献身的に愛することを意味します。
クラリッサ・ピンコラ・エステス（『狼と駆ける女たち』より）

　恋に落ちるという体験は，素晴らしいものであることは言うまでもありません。あのスリリングな，映画『ラ・ラ・ランド』のような興奮に勝るものはありません。すべてが順調に感じられ，世界はキラキラと輝き，自分の人生が素晴らしいものであるように感じられます。けれども，ある日あなたはパートナーに気に入らない部分があることに気づきます（例えば，パートナーが食事中に舌打ちをする，自分の話ばかりする，テレビやスマホばかり見て人の話を聞かない，など）。そして気がつけば，「素晴らしい愛」を育むはずだった二人のリビングには，平凡な人が座っています。

　この時点で「失敗だったかな」とか，「結局この人は運命の人ではなかったかも」と考えることはよくあることです。実は，ここからが本当の愛を体験するチャンスなのです。「真の愛」とは，時間をかけて大きく育まれていくものであり，また，深い献身を意味します。私たちは，愛しいものを愛するのは簡単ですが，愛しくないものを愛するのは困難です。実際，魅力的で

ない，イライラする，またはがっかりする点を相手に見つけると，私たちの
愛は冷めていきがちです。しかし，私たちは皆，嫌な側面を持っています。
そのため，私たちは愛しい面と愛しくない面の両方をきちんと愛する必要が
あります。こうした理由から，永続的に人を愛するには，相手の両面を十分
に受け容れることが必要です。

　受容とは，「それを信じることができ，真実として受け容れるべきだとい
うこころの態度」と定義することができます。または，「自分自身で認め，
受け容れる行為」と定義することもできます。人間関係では，最初の定義を
追求するほうが簡単です。例えば，ダラーは，夫がテレビでスポーツ番組ば
かり見ることをたやすく受け容れることができます。彼女は，夫がスポーツ
番組を好きなことを知っているからです。けれども，夫のそのような行動を
すべて承認することは難しいとも感じています。そのため，受容とは「好意
的に受け取る行為」と定義されることもあります。

　「好意的に受け取る」とは，感情というよりもむしろ取るべき姿勢を示唆
します。すなわち，自分が受け容れているものに対する肯定的な感情という
よりも，むしろ受け取り方の質を意味します。好意的に受け取るということ
は，自分の中に招き入れることを意味しており，それに伴う自分の感情は関
係がないのです。あなたが交際を決意した時，あなたは相手に「こちらに入っ
てきてください」という招待状を出しました。それは，あなたが賛同した部
分や知っている部分だけではなく，相手のすべて（に招待状を出したという
こと）を意味します。あなたとのデートに，パートナーがさまざまな特徴や
癖，問題行動の詳細なリストを持って現れたと想像してみてください。相手
のすべてを受け容れられる，そんなリストを持っている人を見つけるのは難
しいでしょうし，あなた自身のリストが相手の評価につながるとは思えませ
ん。最終的には，多少嫌なことがあってもその人を受け容れるのか，それと
も一人でいるのか，という選択を迫られることになります。

　アクセプタンス（受容する）とは，諦めるということではありません。諦

めるというよりも，はるかに自発的な行為です。あなたが積極的に迎え入れ
ることを選ぶ時，自分が受容することを認識すると同時に，ドアを閉めるこ
とができるということも認識しています。パートナーとの関係を続けるかど
うかをその都度選択するように，相手を好意的にまるごと受け容れることを
選択するのです。

　パートナーを受容するということの最も難しい点は，あなたにとって好ま
しくないことを相手がした時に生じる動揺や失望，怒りといった感情を受け
容れることも含まれるということです。受け容れる姿勢をとれば，これらの
ことに悩まされずに済むわけでは決してありません。パートナーとの間で起
こる出来事は，あなたを悩ませます。あなたはそうした出来事を歓迎しない
でしょうし，そんな目に遭いたくないはずです。しかし，パートナーとの関
係では良いことも悪いことも起こります。問題は，あなたがそうした出来事
に遭遇した時の自分の反応も受け容れることができるかどうかなのです。

アクセプタンスのためのワーク

　何度か深呼吸をして，そっと目を閉じましょう。あなたとパートナーが出会ったばかりの頃のことを思い浮かべてみてください。あなたは家にいて，ドアのベルが鳴ります。あなたがドアを開けると，あなたのパートナーは恥ずかしそうに微笑んで，バラの花束を持ってそこに立っています。あなたはバラの花束を受け取り，笑顔を返します。すると，パートナーはきれいに印刷されたリストを取り出し，あなたに手渡します。このリストには，パートナーのポジティブな資質がすべて書かれています。あなたはそれらをじっくり読んで，あなたにとって最も重要なものをメモします。リストを読み終えると，あなたはパートナーを見つめ，二人とも幸せそうに微笑みます。

　すると，あなたのパートナーは躊躇しながら，後ろのポケットから別の，しわくちゃになったリストを取り出し，あなたにそれを手渡します。そこには，あなたのパートナーの欠点や悩み事のすべてが書かれています。あなたはそれをゆっくりと読んで，あなたが最も気になるものをチェックします。リストを読み終え，あなたはパートナーを見上げます。

　しばらくして，あなたは一歩下がり，ドアを軽く開け，「どうぞ，入って」と言います。このイメージを思い浮かべた時，あなたにはどのような感覚や感情が沸いてきたでしょうか？　このワークの体験を味わったら，ゆっくり呼吸しながら目を開けてください。

　あなたはパートナーをこのように受け容れることができるかどうか，考えてみましょう。

9

期待と失望

善行，悪行という概念を超えた野原であなたと会おう。
ジャラール・アド・ディン・ルーミ

　期待することと受容することは，正反対の言葉です。受容が愛情関係への重要な鍵であるとすれば，期待は愛情関係を悩ませるものです。しかし，たいていの人はさまざまな期待を持って他者と交際を始めます。例えば，「この人は私を幸せにしてくれる」，または「これこそ私が探し求めてきた関係だ」と。期待をしなければ失望することはありません。そして失望がなければ，人間関係で苦い思いをすることもないでしょう。

　マリアは夫のジョーと結婚した時，彼に夢中でした。彼女は，今までにないほど愛されていると感じていて，ジョーの優しさにも感謝していました。ジョーは裕福な家庭の出身でした。二人とも，彼がジャーナリズムのキャリアを築くためには，二人の生活を犠牲にしなければならないことは予想していましたが，いきなり経済的な困難に見舞われることまでは予想していませんでした。マリアは専業主婦になる予定でしたが，彼女も稼ぎに出なければならなくなりました。

　マリアは一生懸命働いて，経済的なストレスを抱えながらも，ジョーにたくさん愛され，彼の細やかな優しさに満足していたかもしれません。しか

し，貧しい生活を送ることはマリアの期待していたことではありませんでした。彼女は夫の低賃金の仕事に不満と憤りを感じるようになりました。彼女は夫を批判し，夫に失望していました。ジョーという人間そのものを見ずに，ジョーに欠けているものだけが目につくようになりました。彼らの結婚生活は，恨みと苦しみが見え隠れし，「こんなはずじゃなかったのに」という思いが充満していました。

　期待することがもたらす問題の1つは，何を期待しても良いのだと思いがちなことです。相手に強い不満があったとしても，それを正当化して良いわけではありません。あくまで，私たちがパートナーに期待を抱いているだけなのです。

　期待するということは，相手が自分と同じ視点を共有してくれることを前提としています。つまり，相手に特定の行動や結果を期待するだけでなく，相手もその期待を共有してくれることを望むのです。ここで，アンドリューとダラーの事例を紹介しましょう。ダラーは，アンドリューが請求書の支払いが数日遅れても気にしていない様子にとても驚きました。彼女は，彼にすべての請求書を期限通りに支払うよう求めるだけでなく，彼女のように支払いには注意を払ってもらおうとしたので，二人の話し合いは難航しました。アンドリューは結局，期限通りに支払うというダラーの要求を尊重することを選びましたが，ダラーはアンドリューの支払いに対する姿勢や態度には満足することはありませんでした。

　期待と受容が上手く折り合わないと，期待と失望が常にペアを組むことになります。つまり，満たされない期待が失望を生みます。言い換えれば，最初から相手に期待をしなければ，失望は生まれません。もちろん，いずれも制御可能なものではありません。あなたは今まで，自分が何かを期待しないようにしたり，期待した通りにならない時に失望しないようにしたことはあるでしょうか？（そしてそれはうまくいったでしょうか？）

　ここで学ぶべき重要なスキルがあります。それは，自己の強さと自己受容のバランスを見つけることです。言うならば，あなたは関係の中にあなた自身の希望や夢，欲望，そして恐怖を抱いています。これらの思考や感情は勝手に現れ，パートナーが何をしてもしなくても，あなたは失望してしまいます。そうであれば，一層のこと相手に期待することはやめて，思いやりと理解の姿勢を持ってみてはどうでしょうか。

　私たちは，自分のコントロールできない感情反応を鵜呑みにしすぎます。それに，相手の言うことも鵜呑みにしてしまう傾向があります。例えば，あなたのパートナーがしたことが不快で怒りが生じた場合，あなたは簡単に自分の思考にとらわれてしまうかもしれません。「私はこれが好きじゃない。こんなのは嫌。こんな思いはしたくない」と。そうなると，パートナーに訴えかけてその不快なものを変えさせようとします。ここであなたに提案しているのは，こうした状況から逃げ出すのではなく，自分が抱いているものを認めることが重要だということです。次に何をするかは，自分のコントロール次第なのだということを認識しながら，自分の心の内側で起こっていることに目を向けましょう。習得すべきスキルとは，自分を思いやり，自分への理解を示しながら，自分の内側で起こっていることに気づいて，自分やパートナーの行動に責任を持つことです。

あなたのパートナーを理解するためのワーク

　あなたがパートナーに感謝していること，そしてパートナーのことを貴重な存在であると考えている特徴のリストを作成しましょう。例えば，そのリストには「正直」「信頼できる」「面白い」などが挙げられるかもしれません。次に，例えば「頑固」や「忘れっぽい」など，あなたを悩ませるパートナーの特徴のリストを作成してみましょう。両方のリストに当てはまるものをできるだけたくさん書き出してみてください。

　次に，両方のリストをじっくり眺めて，プラスの特徴とマイナスの特徴のうち，密接に関連している部分を探します。例えば，信頼できるということは望ましいことで，頑固さはイライラさせられることかもしれませんが，信頼できるということと頑固であるということは，表裏一体かもしれません。このことについて考えてみましょう。

　パートナーの頑固さは，信頼できることにつながるでしょうか？　パートナーのチャラチャラした性格は，面白さの表れと見ることできるでしょうか？　パートナーにがっかりすると，ネガティブな特徴を問題として指摘してしまいがちです。パートナーを多面的に捉えられるようになるために，このワークを試してみましょう。

10

依存と自立

誰も他人の尊厳の上に自分の安全を築くことはできない。
ウィラ・キャザー

　パートナーを受け容れる上で，パートナーを一人の人間として，ありのままに受け容れることは不可欠です。もちろん，これはあなたにも当てはまります。しばしば耳にする，誰かが自分を「完全に満たしてくれる」という考えは正しくはありません。私たちがすでに完全な存在であるならば，自分を安心させるために他者に依存する必要はないのです。

　著名な作家で，セラピストでもあるスコット・ペック（1978 年）は，結婚（または親密な関係）と登山を関連づけて説明しています。結婚はベースキャンプのようなものであり，それは登山者が山に登る前に栄養と休息を得る場所だと言っています。結婚生活では，一方が相手のために登山をするわけではありません。なぜなら，そうすることは相手の人生における成長と道のりを認めないことになるからです。むしろ，二人の関係はそれぞれの進む道のりを励まし合い，サポートする役割を果たしています。パートナーを受け容れるということは，私たちにはそれぞれ登るべき山があり，その道のりは崇高なもので，それぞれの人には登頂する力があるということを意味しています。

　人は，相手が自分を良い気分にさせてくれると信じ，少なくともそのよう

に期待して恋愛関係に入っていきます。特に出会ったばかりの頃は，相手が
さまざまな素晴らしい体験をもたらしてくれるので，この先もずっとそうし
てくれると期待するのは当然かもしれません。私たちの考えの中にひっそり
と隠れているのは，相手がそうしてくれて当然で，それは相手の役割だとい
う考えです。しかし，本当にそうでしょうか。誰がそう決めたのでしょうか。
仮にその通りだとしたら，相手を気持ち良くさせるのも私たちの役割ではな
いでしょうか。たとえ自分の幸せにはつながらないことだったとしても，相
手のためにしてあげるべきなのでしょうか。この場合，誰の気持ちが優先さ
れるのでしょうか。

　心の奥底で「自分は受け容れられない」と思っていたら，誰かに自分自身
を支えて欲しくなるものです。自分はこれで良いと思えない，恐怖，不安，
孤独感といった感情は耐え難いため，私たちはそうした感情を取り除いてく
れる特別な人を見つけることで，そうした感情から抜け出そうとします。あ
なたが傷つけられ，パートナーに失望した時のことをじっくり考えてみま
しょう。あなたが気持ちを切り替えたいと思っているのに，パートナーが何
もしてくれなかったことはありませんか？

　興味深いことに，パートナーは相手の気持ちや欲求に気を配るべきだとい
う考えは，今や当たり前のように受け容れられています。ジャオの事例を紹
介します。彼女はボーイフレンドのジェフにパーティー会場で無視され，激
怒して心を痛めていました。彼女はジェフと彼の仕事仲間と一緒にいました
が，彼女は会場で落ち着かなくなり，居心地が悪いと感じていました。そこ
で彼女は，ジェフが彼の同僚とおしゃべりしている間にジェフの袖を引っ張
り，知っている人が誰もいないから居心地が悪い，とささやきました。彼女
の訴えに対してジェフはうなずくだけで，同僚との会話を続けました。彼女
がすぐに外に出ようと言っても，彼は同意しませんでした。当然のように，
帰宅後には喧嘩になりました。ジャオは涙ながらに，彼が自分を気遣ってく
れなかったことを非難し，ジェフはなぜ自分が怒られているのかよくわかり
ませんでした。

　あなたが置かれている状況とは異なるとしても，おそらくこのシナリオに
共感できる部分があると思います。不快な感情に耐えられない場合，誤った
依存が生まれ，パートナーが不快な感情をどうにかしてくれるべきだと信じ
て疑わなくなります。しかし，パートナーにとって，そうすることは関係を
共にする上での義務ではありません。先の事例のジャオは，自分に感情的な
ニーズがあるように，ジェフにも感情的なニーズがあるのだということ，そ
して，彼女がジェフの注意を引きたいと思ったのと同じように，彼にもその
時は同僚と話す権利があったのだということを，単に理解できなかっただけ
なのです。もし，あなたがこの真実を認識するようになれば，不快な感情を
含む自分の感情に責任を持つようになります。このようにして，あなたは依
存から，快・不快の両方の感情を観察できる，成熟した状態となり，二人の
関係において真に大切にしたいことを意識した行動を取るようになります。

感情面での自立を促すためのワーク

　一日の終わりに，パートナーとのやりとりを振り返ってみましょう。パー
トナーがどのように感じていたかついて，考えてみましょう。あなたはど
のような感情に気づきましたか？　あなたとパートナーが抱いていた感情
は，どれほど密接につながっていましたか？　同じ気持ちだったこと，違
う気持ちだったことは何でしょうか。感情が快か不快かに関わりなく，あ
なたはパートナーの気持ちと同じ気持ちを感じなければならなかった，あ
るいは同じように感じる責任があったと思う状況を想像してみましょう。
その体験は，あなたにとってどのようなものなのでしょうか？　あなたと
同じ気持ちをパートナーも抱く必要がある，という考えを手放すことがで
きるかどうか，考えてみましょう。あなたは，互いの感情体験の違いを受
け容れることができるかどうか（つまり，私は私，あなたはあなたと思え
るかどうか），考えてみましょう。

11

変わった癖

汝，手つかずの自然に見る奇妙な存在！
コリー・シバー

　パートナーが持つ癖の難しさは，それらがパートナー特有のもので，風変わりで，共有しがたいところにあります。すなわち，それは，理解しがたく，自分とは馴染まない，相手の行動や考え方，またはその他の特性と付き合うことになります。あなたとパートナーに共通する価値や考え方，行動は受け容れやすいとしても，あなたに馴染みのないものを受け容れるには，より多くの努力とオープンな態度が求められます。多くの人は，相手を受け容れるためには，癖を理解することが必要だと誤解しています。しかし，自身が理解できないものを好意的に受け容れるために必要なことは，寛大に愛を持って相手を肯定することです。

　この考え方を理解する上で，トイレットペーパーに関する例が役立つでしょう。アンドリューは，トイレットロールを裏向き（ホルダーの背面である壁側からペーパーが出てくるよう）にセットするのが好みだとダラーに伝えていました。しかし，ダラーは彼の好みに納得していたわけではなかったので，ロールを裏向きにセットすることをしばしば忘れていました。かといって，それによって喧嘩になることもありませんでした。しかしその後，ダラーは，彼の癖が彼女にとってはあまり意味のないことであったとしても，アン

ドリューの好みの通りにロールをセットするのは簡単なことだと気がつき，彼の好みに合わせてロールをセットするようにしました。すなわち，彼女は彼のトイレットペーパーの好みを理解しているかどうかに関わらず，彼の癖を受け容れることにしました。

　しかし，アンドリューにはもう1つの癖がありました。彼は，トイレットペーパーのロールがなくなってから取り替えることを嫌がりました。彼は別のロールを便器の横に置いておくことを好み，ロール入れには絶対に置きませんでした。気づけば，ダラーが片づけない限り，トイレットペーパーのロールは床の上や便器の裏など至る所に置かれる始末です。これには納得できませんでした。彼女は既に，ロールのセット方法についてはアンドリューの好みを尊重するという寛大な決断をしていることもあり，彼の好みにばかり合わせるのは不公平だとも感じました。彼女はその後，ある選択に直面します。彼女は自分の考えが正しいと感じ続けることもできますし，彼の好みに合わせるようにして，今これについて悩んでいる時間を何か他のことに使うこともできます。あなたはどちらの選択がベストだと思いますか？　それはなぜでしょうか？

相手の癖を受け容れるためのワーク

　自分の変わった癖を数えてみましょう。他者に指摘されたことがある癖のすべてを，リストにしてみましょう。あなたは，人には知られていない癖がありますか？

　あなたのパートナーの癖のいくつかを，リストアップしてみましょう。それぞれの癖について，少なくとも3つの利点を考えてみましょう。想像力を膨らませて，楽しみながら取り組んでみましょう。例えば，先の例でいえば，アンドリューがトイレットペーパーをホルダーに入れないことで得られるメリットをいくつか挙げてみましょう。

- トイレットペーパーをどこに置くかを話題にすることによって，アンドリューはダラーとの関係作りに役立つ機会を与えている。話し合いの中で，ダラーは自分が自己中心的に物事を考えていたと気づくようになる。
- トイレットペーパーをホルダーに入れないことで，ダラーはロールが必要な時にいつでも床からそれを手に取ることができる。
- アンドリューはトイレットペーパーのロールを整理する時間を節約できるので，彼はその分，他の重要なことをすることができる。
- おまけ：ロールをホルダーに入れずに自由に置いておくことで，地震が発生した時でも簡単に手に取ることができる。

12

エイジングと身体の変化

きっと，あなたが「ほんもの」になる頃には，
あなたが好きだった髪の毛は艶を失い，目は垂れ，関節も緩み，
とてもみすぼらしくなっていることでしょう。
でも，そんなことはまったく問題ではありません。
だって，「ほんもの」になってしまえば，わかってくれない人たちを除いて，
嫌いになることはできないのですから。
マージェリー・ウィリアムズ（『ビロードのウサギ』より）

　今の時代，自分の容姿を受け容れることは，パートナーの容姿を受け容れることよりも大変かもしれません。整形手術などの方法がより一般的になるにつれ，私たちは，美しさや魅力に関する文化的な基準に合わせて，自分の身体を変えることができます。しかし，最終的に，人は皆，修復不能なほどに身体が衰え，いつかは死が訪れます。これは，誰しもに共通する現象です。老化という事実を否認したり，拒絶するなんて，皮肉なことだとは思いませんか。私たちが歳を重ねていくことを醜いこと，歓迎すべきことではないことだと捉えてしまうのは，悲しいことです。

　バーバラは，自分の身体の老化に抗おうと努力することに疲れていました。彼女は，「太ももがもっと細かったら，足が長かったら，胸が大きかったら，と考えるのが嫌になってしまったわ。私はこれまで狂ったように鍛えてきた。

鍛えた結果，太ももはかなり細くなったけど，胸は小さくなってしまった。その後，うつになって食事量が増えて，胸は大きくなったけど，太ももはぽっちゃりしちゃった。もう何もやりたくない」と思いました。ある日，鏡を見ながら，バーバラは突然，自分の身体をこれまでいかに厳しく評価していたかに気づきました。そして，彼女はこう言いました。「私は自分の太ももがかわいそうだと気がついたの。長年，私が立ったり座ったりするのを助けてくれたり，丘の上や階段，山の上に私を連れて行こうと一生懸命働いてくれたこの太ももに感謝することにした。そして，自分の太ももに感謝して泣いている自分に気がついたの。今では，毎日身体のどこかに感謝するようにしているわ」と。バーバラは，自分にダメ出しをすることから，そこにある現実を見ることへと考え方を変えました。加齢による変化とは，祝福すべき，愛すべき軌跡ともいえます。

　もちろん，人々が何を魅力的と感じるかは，文化的な影響を無視することはできません。しかし，これらの基準はその文化に組み込まれているものであって，必ずしも真実ではないということを思い出すことで，自分の価値と評価をより明確に区別することができます。例えば，ふっくらとした白い肌が美しいとされた時代もありました。その一方で，引き締まった身体や日焼けした姿が評価されることもあります。ミャンマーのカレン族（パダウン族）では，首の長い女性がとても大切にされています。女性たちは真鍮製の首輪を少しずつ増やして，通常よりもはるかに長く首を伸ばしています。もし私たちがこの部族の中に入ったとしたら，その部族の女性たちの文化の基準では，私たちの首の短さは欠陥と判断されてしまうかもしれません。

　ここで，より身近な体験に置き換えてみましょう。あなたのパートナーの口元に小さなシワがあるとします。このシワを受け容れがたくしているものは何でしょうか。仮にあなたがシワは知性のサインであると教えられていたとしたら，シワが多いほど賢い人だと映ります。あなた自身のシワに対する感覚も，変わってくるのではないでしょうか。

　リックという男性は，自分の容姿に執着していました。彼は自分のことを醜いと確信していました。親友のデイブにこの悩みを打ち明けても，デイブは何と言っていいかわかりませんでした。なぜなら，デイブはリックのことをあまりいい男だとは思っていなかったからです。ある日，デイブはまた別の会話の中で，リックが自分の容姿を気にしていることに気がつきました。「自分が醜いと思うことが本当に辛いんだ！」とリックは言いました。イライラしたデイブはこう答えました。「不細工だから何だって言うんだ？」と。リックはショックを受け，何を言っていいかわからず，会話はすぐに終わってしまいました。しかし次の日，彼はデイブに電話をして，素晴らしい体験をしたと言ってきました。「俺のことを醜いと言ってくれるなんて，信じられなかった。その後，そのことが頭から離れなくなって，トイレに入ってずっと考えていた。みんなが思う魅力の基準で言えば，俺はハンサムじゃない。実際，俺は醜い。でも，『だから何なんだ？　俺はブサイクだ。だからどうしたって言うんだ』と実感できたんだ」。

　リックは重要な気づきを得ました。すなわち，自分の容姿がハンサムではないと受け容れたとしても，人としての本質的な価値は変わらないことに気づいたのです。あなたとパートナーに，この話を当てはめて考えてみてください。この真実を理解することはできますか？

身体を受け容れるためのワーク

　あなたのパートナーにマッサージをしてあげましょう。手や足などの部位を選んで，心を込めて集中的にマッサージしてみましょう。あなたは今まで，手や足を見たことがないかのようなふりをして，できるだけ優しく，しっかりと確認します。自分自身がパートナーの身体のために存在しているかのごとく集中し，その見た目，大きさ，感触を愛しましょう。そして，その（部位が）どれほど年を重ね，役目を果たし，パートナーに仕えてきたかを想像し，愛してあげましょう。

13

アクセプタンスと家族

もし，家にある骸骨（隠しておきたい家族の秘密）を処分できないなら，
むしろ踊らせた方が良い。
ジョージ・バーナード・ショー

　親密な関係における大きな課題の1つは，パートナーには通常，家族がい
るということです。自分の家族とはうまくやれていても，パートナーの家族
と付き合うのは，大変だと感じる人もいるでしょう。本来，私たちがパート
ナーの家族とどの程度関わるか，何を言うか・言わないか，何をするか・し
ないかはすべて，私たちの選択次第です。しかし，それがパートナー家族と
の関係における役割の話になると，私たちはしばしば義務感を抱きます。私
たちは，パートナーの家族との関係においてさまざまな選択肢を持っていま
すが，自分の選択とは異なる選択をパートナーから期待されることもあります。

　次の例は，自分らしい選択をすることがいかに重要であるかを示していま
す。ジェニファーとクリスは，結婚して数年が経過したある頃，ジェニファー
の母親がジムと再婚しました。ジムは大声で話す，騒がしい性格の人でした
が，どんな時でも寛容で，面白い人でした。高齢の両親のもとで育った一人っ
子のクリスは，穏やかな家庭の雰囲気に慣れていたこともあり，ジェニファー
の家族との集まりへの参加を時々拒みました。ジェニファーはそのことに悩ん
だものの，クリスが自分の好きなようにする権利があることを認めていました。

唯が行く！ 当事者研究とオープンダイアローグ奮闘記

横道 誠=著　　　　　　　　　　　　　　　　　　　　　　2640円

臨床現場で活かす！
よくわかるMMPIハンドブック（臨床編）

野呂浩史・荒川和歌子=編集／日本臨床MMPI研究会=監修　　　4180円

プラグマティック精神療法のすすめ

患者にとっていい精神科医とは

和田秀樹=著　　　　　　　　　　　　　　　　　　　　　　3520円

ナラティヴ・コンサルテーション 書くことがひらく臨床空間

小森康永 安達映子=著　　　　　　　　　　　　　　　　　　3520円

マインド・フィクサー 精神疾患の原因はどこにあるのか？

A・ハリントン=著／松本俊彦=監訳／沖田恭治=訳　　　　　4840円

精神療法 Vol.48 No.2

特集 看護と精神療法
2200円

岩宮恵子・武井麻子・鷹野朋実・宮本眞巳・白柿綾・岩崎壮登・岡田佳詠・渡辺純一・木野美和子・原真衣・下平美智代・武井麻子・久保田あや・松橋美奈・久保田幹子・近田真美子・萱間真美・鈴木啓子 ほか

臨床心理学 Vol.22 No.2

特集 はじまりのレジリエンス
　　──孤立のサポート／
　　　孤独のレッスン
1760円

石垣琢麿・岩壁茂・大西連・村瀬嘉代子・山本智子・田中ひな子・新田慎一郎・佐々木掌子・境泉洋・山崎幸子・小林茂・岸本寛史・大森哲至・森川すいめい・下平美智代・五十嵐祐・杉岡良彦・竹端寛・木村朗子 ほか

注文のご案内

直接ご注文の場合、クレジットカード決済による前払い、または代金引換にて発送致します。クレジット決済の場合、書籍は送料600円、雑誌のみの場合は送料400円。税込1万円以上のご注文で送料無料となります。代金引換の場合、冊数に関わらず書籍は送料1000円、雑誌のみの場合は送料800円。税込1万円以上のご注文で送料500円となります。

Ψ**金剛出版**　〒112-0005 東京都文京区水道1-5-16
電話 03-3815-6661　FAX 03-3818-6848　https://www.kongoshuppan.co.jp/

自殺の危険（第4版）
臨床的評価と危機介入

高橋祥友＝著

自殺の危険を評価するための正確な知識と自殺企図患者への、面接技術の要諦を多くの最新事例を交えて解説した画期的な大著。

6380円

人生を豊かにするウェルビーイングノート
ポジティブサイコロジー×解決志向アプローチでこころの健康を育てる

松隈信一郎＝著

こころの「豊かさ」とは何だろう？ 昨今の混沌とした状況の中で、本書はポジティブサイコロジーを使いこころの健康を育てていく。

2860円

心理臨床における実践的アセスメント
事例で学ぶ見立てとかかわり

伊藤直文＝著

豊かな経験に裏打ちされた詳細な事例を多く収録。初学者から中級者まで心の対人支援に携わる人々のための臨床アセスメント入門。

3080円

PEERS 友だち作りのSST【学校編】
指導者マニュアル

E・A・ローガンソン＝著／山田智子＝訳

学校現場に特化した友だち作りが身につく全16セッション。課題をひとつずつクリアしていく実践マニュアル。

4620円

アディクションの地平線

越境し交錯するケア

松本俊彦=編

アディクションの問題に当事者、専門家、そして周囲はどう向き合っていくべきか。一四人の執筆陣による回復のためのヒント。

2860円

ティーンのためのセルフ・コンパッション・ワークブック

K・ブルース=著／岩壁 茂=監訳／浅田仁子=訳

マインドフルネスと思いやりで、ありのままの自分を受け入れる

強い怒り、失望、恥、孤独などさまざまな感情を抱える心の中を理解し、それをうまく扱うためのセルフ・コンパッションの手引き。

3080円

キャリア・カウンセリング エッセンシャルズ400

日本キャリア・カウンセリング学会=監修
廣川 進　下村英雄　杉山 崇　小玉一樹　松尾智晶　古田克利=編

日本初キャリア・カウンセリングの総合辞典！ キャリアコンサルティングに必要な分野のキーワードを網羅した403項目を掲載！

6050円

働く女性のヘルスケアガイド

荒木葉子　市川佳居=編著

おさえておきたいスキルとプラクティス

「成果が上がる健康経営」のための重要な解がここにある！ 働く女性の能力を最大限に活かすために必要な健康管理とは？

3520円

四人の精神科医による貴重な座談会の記録

複雑性PTSDとは何か
四人の精神科医の座談会とエッセイ

飛鳥井望=著
神田橋條治
高木俊介
原田誠一

本書は「複雑性PTSDの臨床」の発刊に併せて行われた四人の精神科医による座談会の記録と書き下ろしエッセイを収録。

トラウマ・PTSD 四六判／上製／2860円

子ども時代のトラウマから自分の人生を取り戻す

複雑性PTSDの理解と回復
子ども時代のトラウマを癒すコンパッションとセルフケア

アリエル・シュワルツ=著
野坂祐子=訳

複雑性PTSDの症状やメカニズムをわかりやすく説明し、自分へのコンパッションに焦点をあてたセルフケアのスキルを紹介する。

トラウマ・PTSD A5判／並製／3080円

Ψ金剛出版

価格は10％税込です。

　ある夜，ジムはいつも以上に饒舌で，周りの人を巻き込んで会話をしていました。クリスがおとなしくしていることに気づいたジムは，クリスの仕事について率先して質問をすることで，彼を会話に巻き込もうとしました。クリスは礼儀正しく答えましたが，ジムの強引な態度には困っていました。クリスは食事が終わると寝室に向かい，しばらくしてからジェニファーはクリスが寝室で読書しているのを発見し，「あなた，ちょっとジムに失礼よ」と口にしました。クリスは「時々，彼にとても耐えられなくなるんだ」と答えましたが，ジェニファーは「知ってるわ」と言って，その場を去りました。

　しかし，しばらくしてクリスはベッドから出て，ジムと話をするために彼のいる部屋へと戻りました。その夜，二人が眠りにつく前に，クリスはこう言ったのです。「彼に対する僕の態度は，僕もいけないと思っている。好きでやっていることではないんだ」と。

　この事例で感銘を受けたのは，ジェニファーとクリスのそれぞれが，選択する力について十分に認識していたということです。ジェニファーは，クリスの彼女の継父への態度について文句を言うこともできましたが，クリスが自分の好きなように振る舞う権利を受け容れていました。彼女は意図的に，彼に態度を改めてほしいとは頼まないことを選択したのです。しかし，彼女は本心を話すことが大事だと思った時には，発言することを選択しました。彼女が彼に，「～すべきだ」とは伝えていないことに注目してください。彼女は単に，彼女が正しいと思ったことを口にしただけです。一方，クリスはジムとどのように関わるかは自分で選択できることを認識していました。そして，彼は自分の価値を大切にしていないことに気づいた時，彼は行動を修正することを選びました。この例では，ジェニファーもクリスも，結婚生活の中で二人の距離を縮めながら，それぞれの高い山に登頂していったといえます。

　もし，あなたが家族との間に問題を抱えているなら，「この人の信念や行動は，実際に私と何の関係があるのか？　私がここですべきことは何だろう

か？　私は自分の家族を尊重し，パートナーの家族と一緒にいることにどのような価値を持っているのだろうか？」と自問してみることを忘れないでください。そして，パートナーとお互いを受け容れる上では，パートナーの家族を変える必要はない，ということを心に留めておいてください。

　1つ注意点を挙げるとすれば，自分と相手の家族とは別の存在であると十分理解していたとしても，家族が自分を困らせるようなことをしていたら，気になって仕方がないでしょう。この場合，どのように対処すれば，二人の関係を尊重しつつ，自分を大切にすることができるでしょうか。パートナーにあなたの家族の責任を押しつけてしまうことだけは避けねばなりません。

　例えば，時折，あなたが義理のきょうだいをとても邪魔だと思うとします。パートナーに文句を言うのは，パートナーが状況を改善する責任があるという誤ったメッセージを送ることになります。しかし，あなたもあなたのパートナーも，義理のきょうだいを変えることはできそうにない，ということを理解しておくことが重要です。そして，ゆっくりと時間をかけて，あなたは何を必要としているのかを明確にしましょう。これは，優しく思いやりのある方法で行うようにしてください。何がうまくいかないのでしょうか？　あなたの感情は，あなたにどんな情報を伝えていますか？　相手との距離は保てていますか？　この状況であなたが大事にする価値は何であるかを考えてみましょう。例えば，あなたは相手に主張したり，発言することを大事にしているかもしれませんし，家族を尊重したり，他者に親切にしたりすることを大切にしているかもしれません。

　今，あなたは自分の身に何が起こっているのか，その上で自分は何を大切にしているかを深く認識できたとして，あなたはどんな選択をするでしょうか？　アクセプタンスとは，相手に合わせることや諦めることとイコールではないことを覚えておいてください。あなたは，義理のきょうだいが変わりそうにないことを知り，相手を変えようとすることの無益さを知り，それでも相手の押し付けがましい行動に境界線を引くことを選択することができま

す。もちろん，相手が立ち入ってきたと感じるたびに煩わしさを感じ，あなたはその境界線を何度か設定し直さなければならないでしょう。

家族を受け容れるためのワーク

　自分にとって家族とは何か，を考える時間を持ちましょう。家族関係の実際の経験に囚われないようにしてください。むしろ，あなたが個人的に家族について何を大切にしているのかを考えてみましょう。

　あなたにとって，家族に対して大切にしていることは何でしょうか？　あなたは家族の中でどのように過ごしたいですか？　家族を大切にするということを尊重するために，自分には何ができるか，自分自身に問いかけてみましょう。自分が家族について大切にしていることを尊重するために，どのような心持ちでいれば良いでしょうか。

　これらの価値を生活に取り入れるために，自分が今日，どのような一歩を踏み出すことができるか，考えてみてください。

パート4

こころを開く
（脱フュージョン^{訳注8}）

14

人生を冒険する

短い人生の中で，すべてのことに興味を持っている人は，
たくさんの冒険に出会えるかもしれない。
ローレンス・スターン

　ある日，クリステンは耳を疑いました。「冗談でしょ，デビッドがイタリアで夏季休暇を過ごしているの？　夏の間，ずっとあの女の子と？」と。彼女は，5年も付き合った古風で頭の固い元パートナーの事実を受け止められませんでした。交際中に海外に連れて行ってもらったことがなかったクリステンは，デビッドが外国に旅立つなんて考えられませんでした。

　クリステンとデビッドが一度も旅行をしなかった理由は，さほど難しいものではありません。二人が一緒に過ごした数年間は，ワクワクするような，楽しいといえるものではありませんでした。彼らは，自分たちが二人でワクワクするような体験ができるなんて，皆目見当がつかないと思い込んでいました。どうしてそうなってしまったのでしょうか。

　二人は恋に落ちて間もなく，一緒に引っ越すことにしました。カップルにはありがちですが，彼らはすぐにお互いの嫌な癖や失敗が目につくようになりました。そうしたことが目につくたびに，相手を評価することが続きました。デビッドが週末にテレビの前でのんびり過ごしているのを見て，クリス

テンは「彼は怠け者で，自発性がない」と思いました。クリステンが彼の行動に不満を示すと，デビッドは彼女に対して「なんて口うるさい，なんて否定的なんだ」と思いました。デビッドが家でダラダラと夜を過ごしている姿を見かけると，クリステンは「なんて退屈なのだろう」と思いました。デビッドは，クリステンがモールに出かけても，何も感じなくなっていました。

　私たちは，相手の行動（例えば，洗濯物をたたまずに床に置きっぱなしにする）に気づくと，すぐに自分の好みに基づいて，「服はきちんとたたんでしまうものなのに；最悪だ」と評価します。その上で，現在起きていることを，過去や未来と結びつけて考えます。そして，「彼はなんてずぼらなのだろう」とか「彼女は人に対して思いやりがない」と結論づけるかもしれません。こうしたざっくりとした方法でパートナーを評価する時，私たちはそれがパートナーの真の部分であるかのようにレッテルを貼ります。クリステンとデビッドは共に，退屈なことがあたかも相手の性格そのものであるかのように判断したのです。実際，「退屈だ」という表現そのものは，ただの言語表現（文字）でしかありません。クリステンもデビッドも，相手のことを「つまらない」と決めつけ，あたかも「つまらない」という言葉が相手の中に実際に存在するかのようにとらえ，自分のパートナーは退屈な人なのだと結論づけていました。これでは，二人が自分たちの関係の中にワクワクするような体験がある可能性を見出すことができなかったのも不思議ではありません。

　もちろん，カップルはお互いに評価し合います。それが心の働きなのです。ここで鍵となるのは，あなたがパートナーを評価することを選択するかどうかです。あなたがパートナーのある行動に気づいた時，「パートナーが～しているな」と単に頭に浮かんだだけ，と見ることもできますし，パートナーの行動が気になって仕方なくなり，それがどういう意味なのかにとらわれてしまうことも起こり得ます。カップルはこういうところで行き詰まります。それは，あなたもパートナーも気持ちが離れてしまうポイントでもあります。自分に当てはまるところはないか，一度考えてみてください。あなた自身も

また，退屈で情熱のない関係を終わらせ，より魅力的な関係になったことはありませんか？ それは，あなたが急に魅力的な人間に様変わりしたわけではなく，あなたはあくまであなたのままだったのではないでしょうか。おそらくは，過去の認識や行動から解放されたことで，自分の中にある情熱を取り戻せたのではないでしょうか。あなたとパートナーは，現在の関係においてもこれを実現できます。

　これらのことは，今この瞬間の重要な性質を示しています。それは，未来に向かって大きく開かれているということです。今，あなたは過去を新しい視点で見る機会を得ています。この瞬間，あなたを待っているものに心を開くチャンスがあります。これが冒険の本質です。このチャンスをつかみ取りましょう。

冒険のためのワーク

　パートナーと自由に過ごせる週末を見つけてください。子どもがいる場合は，子どもをこのワークに参加させても良いですし，誰かに子どもを見てもらったりしても良いです。あなたとパートナーがより自然体で過ごせるようにしましょう。ここでは，車を使ったワークを説明しますが，車の代わりに散歩したり，自転車を使ったりしても構いません。車のガソリンを満タンにして，飲み物とおやつ，携帯電話，必要があれば服やブランケットなども用意しておきましょう。それから，進む方向を決めて，車に乗って出発しましょう。

　この旅において，あなたの唯一のガイドは，「今この瞬間」です。車を運転していて，何か面白いことに気がついたら，止まってください。気になる道があれば，そちらに進んでみましょう。旅を進めながら，自分の旅に合った物語を作り，その結末を見届けてください。

15

一歩引いてみる

命は死ぬことで失われるのではない。命は刻一刻と失われている。
だらだらと過ごす日々のうち，
数え切れず小さいがゆえに見過ごされて行く，あらゆる点で失われていくのだ。
ステファン・ヴィンセント・ベネ

　ジョンとジェーンは，コロラド州デュランゴの歴史ある素敵な家を購入しました。1800 年代に建てられたこの家は修繕が必要でしたが，二人とも修繕に向けて意気込んでいました。修繕の中でも，二階の大部分を取り壊すというかなり大掛かりな作業があったので，ジョンは入念な準備をし，壁の下地に用いられている木舞や漆喰を解体する際に使用するフルフェイスの防毒マスクもレンタルをしました。さらには，大きな廃棄物をトラックの荷台に移すために，二階から一階に滑り台を作る計画を立てていました。

　作業当日，ジョンは防毒マスクを装着し，ひどい埃と汚れの中で作業を開始しました。その後，ジェーンは仕事から戻り，着替えてジョンの作業を手伝う準備をし，彼女も防毒マスクを着用しました。彼女はジョンと合流し，ものすごい勢いで残りの壁を壊し始めました。

　「待って！」とジョンは叫び，彼女の作業を止めるように腕を振りました。「そんなふうにしないでくれ」と彼は言いました。彼は，崩した壁の重い残

骸が滑り台の近くに落ちて邪魔にならないように，壁を壊す方法を彼女に示
そうとしました。ジェーンはうなずき，作業を続けましたが，再び「ジェー
ン！」と彼は憤慨して叫びました。「君は僕が考えた作業の流れを台無しに
しているよ」と。ジェーンはその発言に怒って，「大丈夫よ！ わかってるか
ら！」と言い返しました。それに対してジョンは「全部計画してやっていた
のに台無しにする気か！」と言うと，ジェーンは「いいかげんにしてよ，方
法は1つだけじゃないでしょ！」と言い返しました。

　このやりとりが繰り広げられる頃には，二人とも作業を中断し，腰に手を
当て，立ったままお互いに睨み合い，激しく口論していました。この二人には
1つだけ問題がありました。二人とも防毒マスクをしながら口論していたた
め，まるで水中でやりとりをしているかのようにお互いに何を言っている
のか理解することができなかったのです。しばらくしてから，二人はふと自分
たちがやっていることのばかばかしさに気づき，お互いに笑い始めました。

　ジョンとジェーンは，お互いにぶつけ合った言葉そのものから一歩離れて，
別の視点から自分たちの状況を見ていました。彼らは互いに一歩引いたので
す。そうすることで，はっきりと聞こえない声をぶつけ合うことのばかばか
しさがお互いわかり，状況全体の滑稽さが見えるようになっていきました。
この場合，防毒マスクを使って話していても聞き取れない，ということも二
人が一歩下がったきっかけになりました。この状況でなくても，私たちは自
分の置かれた状況から一歩下がって見ることがいつでも可能です。つまり，
私たちは自分が発した言葉と私たちの心が私たちに語りかけること（例えば，
「私は正しい！」「彼女は間違っている！」「彼は自分がやりたいようにして
いる！」「彼女は自分のやりたいようにやらなきゃ気が済まないんだ！」など）
に巻き込まれてしまっていることに，いつでも気づくことができます。私た
ちは，このような状況であっても，今の立ち位置から一歩引いて，今まさに
何が起こっているかについて観察する力を持っています。

　内容によっては，（正しいかどうかが非常に重要だと思われるような場合

には）特に一歩下がることは難しいかもしれません。これにはある程度のスキルが必要です。幸い，このスキルは防毒マスクなしでも実践することができます。

　今度，あなたがパートナーと口論していて，発言の内容そのものに巻き込まれていることに気がついた時，そこには状況に白黒つけるだけではなく，もっと別の可能性がたくさんあることに目を向けてみてください。二人が口論しているその瞬間は，それぞれが必死で，その状況をどうにかうまくやり過ごそうとしていたり，相手に理解して欲しかったり，自分は間違っていないと感じたいだけなのです。置かれている状況から一歩下がって，お互いにしていることを思いやりのある立ち位置から眺めてみてください。パートナーはあなたの前に立っています。パートナーは今，何を必要としていますか？　あなたはここにいます。あなたが本当にしようとしていることは何ですか？　あなたは何を必要としているのですか？　この瞬間，この関係の中で，あなた方は本当は何を求めているのか，問いかけてみましょう。お互いのニーズを大切にするという約束を守るために，カップルとしてどのような行動ができるかを考えてみましょう。

一歩引くためのワーク

「ピッグ・ラテンのケンカ[訳注9]」と呼ばれるワークを紹介します。一度やってみてください。あなたもパートナーも，このワークに興味を持てない可能性が高いので，このワークをするということをあらかじめ二人で約束することが重要です。喧嘩に備えて計画を立てておくなんて，ばかげていると思われるかもしれませんが，いざという時このワークに挑戦できそうか確認しておきましょう。あなたがすべきことは，このワークに取り組み，どんなことが起こるかを観察するだけです。

今度，あなたとパートナーが口論する時があれば，このワークを覚えていた人が「ワークの時間だね」と発言するようにしてください。その後は，二人ともなんちゃってラテン語[訳注10]で口論してもらいます。なんちゃってラテン語とは，各単語の最初の文字を取って，その単語の最後に置き，音節を付け加えたでたらめの言葉です。そのため，「talk」は「alktay」になり，「food」は「oodfay」になり，「mother」は「othermay」になります。例えば，「Ouyay evernay istenlay otay emay!」のようになります。このような状況で，二人はどこまでケンカを続けられるか，自分と相手の反応を見てみましょう。

訳注9：原文は「Igpay Atinlay Ightfay」で，これはピッグ・ラテン（なんちゃってラテン語）と呼ばれる英語の言葉遊びを指しています。「語頭の子音をその語末に回して-ayをつける」というもので，言葉を並べ替えると「Pig Latin Fight」となります。

訳注10：本文中では原書をそのまま翻訳しましたが，カップルで喧嘩になった際に「インチキ外国語」で喧嘩してみる，という提案だと読み替えてみましょう。例えば，日本語で口論する時に英語，中国語，あるいは韓国語に音を真似たインチキ外国語を使って口論するようなことです。

16

公平性

愛とは，見返りを求めずに与えることである。
義務でもなく，他者のためでもない。
だからこそ，真の愛とは，役に立つとか，快楽が絡むような，
公平なやりとりに基づくものではないのだ。
モーティマー・アドラー

　不当な扱いを受けると，人は頭に血がのぼるものです。人が不当に扱われているのを見て激昂する人もいれば，自分が不当に扱われて腹を立てる人もいます。多くの人々は公平性を大切にしているため，何か不公平なことがあると，これは間違っていると感じやすいものです。

　「公平性」という言葉は「平等」と同義ですが，その語源はラテン語の「aequitas（均等，公正，平等を意味する語）」に由来しています。このことは，公平性が重要である理由がいくつかあることを示唆しています。第一の理由は，私たちは物事（もしくは人）が平等であれば，その価値は同じであると認識し，自分は価値ある人間でありたいと望みます。他の誰かよりも価値が低いと思ったり，あるいは他者から自分たちのことを価値が低いように思われたり，扱われたりすると，人は苦しくなります。第二の理由は，公平性と対称性，または対等性とのつながりです。私たち人間は実に，対称性を高く評価しています。対称であることはバランスがとれていて，予測可能で，人

に安心をもたらします。古い格言に「人生は公平ではない」という言葉があることは知っているものの，心のどこかではそうであってほしいと望んでいるのです。

　最初に述べた，公平さは人の価値を反映しているということについて，詳しく見てみましょう。それはどのようなことでしょうか？　赤ちゃんがこの世に生まれてきて，その赤ちゃんがあなたの目の前にいるとします。あなたは，その赤ちゃんが価値^{訳注11} を持っていると思いますか？　赤ちゃんは生まれたばかりで，まだ何もしていない，何かを成し遂げたわけでも，何かを生み出したわけでもありません。その赤ちゃんは固有の価値を持っているでしょうか。その赤ちゃんが何らかの理由で，価値が評価されない家庭に生まれたとすれば，おそらく他の子どもよりも価値が低いと見られ，そのように扱われてしまうでしょう。そうすると，その子は価値を失ってしまうと思いますか？　もし失ってしまうと思うのであれば，その価値はどのようにして奪われるのか，一度考えてみてください。

　よく考えれば，その赤ちゃんの価値は，外部のものに依存しているわけではないことに気づきます。人間の価値は（赤ちゃんであっても），足し算や引き算をされるものではなく，そこにただ存在するだけです。しかし，大事に育てられなかった赤ちゃんのケースのように，多くの人は自分の固有の価値に注目せず，代わりに自分の価値は，人が自分をどのように見たり，扱ったりするかにかかっていると考えてしまいます。そうなると，私たちはその価値を得るために必要なことは何でもしたいという気持ちに駆られます。同様に，「自分が間違っていると価値がなくなる」と考えている人は，他人から不当に非難されることに敏感で，そのようなことに耐えられず，自らの危機を感じてしまいます。とはいえ，私たちの人間としての基本的な価値はど

訳注11：この場合，「赤ちゃんの存在そのものに価値があるかどうか」という話ではなく，生まれたばかりの赤ちゃんが自分で大事にしているもの，それに基づいて生きようとするもの（つまり，本書でいうところの価値）を持って生まれてきているか，という話をしています。

のような方法を用いても消すことはできません。

　対称性については，おそらく私たちのほとんどが，人生とは本質的に，対称的なものではないと考えているのではないでしょうか。人生とは厄介で，気まぐれで，ムラがあって，驚きのあるものだということを，私たちは体験を通して学びます。心地良い対等な関係がもたらしてくれるものを望むことと，人生は対等であるべきだと信じることの違いを理解することで，存在しないところに対等性を見出そうとする苦悩を避けることができます。すべてが対等でなければならないような関係性を想像してみてください。一方があることをすると，もう一方も何かをしなければなりません。対等性を求めるカップルは，誰がどこで何をしたか，集計し続けていきます。しかし，関係が五分五分であることにこだわると，たくさんのケンカや言い合い，苦痛を引き起こします。仮に，カップルの一人が51%になると，もう一方はバランスを取り戻すために何かが行われるまで不平不満をこぼします。このやり方は，現在の瞬間に焦点を当てておらず，過去に誰が何をしたか，これから誰が何をするかということに焦点を当てたものです。

　ここでは，公平さを求めることの本質的な問題を理解することで，その苦闘から抜け出し，よりよい関係を作れるようになることを願っています。あなたのパートナーが不公平なことをして，あなたは何度腹を立てたことがあるでしょうか。あなたは，パートナーが犯した過ちと同じようなことをして（例えば，洗濯当番であることを忘れる），パートナーに責められたことはあるでしょうか。こうした例は，無数にありませんか？　重要なことは，私たちが不公平感を感じた時，それは世界について「不公平だ」と感じているのは私たちである，ということです。この世界は，公平でも平等でもありません。そのため，この不公平感は間違いなく私たちから生じています。

　人生は公平であるべきだ，という考えを手放したら，あなたの関係はどうなるでしょうか？　本当に手放すことができるでしょうか。それは，今この瞬間に生きることを意味します。洗濯の例で言えば，服が積み重なっていて，

あなたのパートナーはそれを片づけるつもりがないように見えます。今この瞬間では，それが起こっていることのすべてです。この洗濯のシナリオからこれまでの公平さに関する考えをなくせば（そうでないと，あなたは洗濯する時はいつも対称性を追求しなければいけなくなります），あなたは汚れた衣類を放置するという選択をすることもできます。あなたがどのように行動するかを決めたとしても，あなたの基本的な人間としての価値が揺らぐことはありません。

公平性のためのワーク

　丸一日，できるだけ不公平になることが今回の課題になります（この練習には週末が最適です）。しかし，パートナーに対しては不公平にならないようにし，自分にとって不公平になるようにしましょう。例えば，あなたが朝食を作る時にパートナーが皿洗いをする習慣があるとすれば，あなたが皿洗いもするようにしてください。あなたがこのワークに取り組んでいることをパートナーには説明しないことが重要です。ただひそかに，不公平になる方法を見つけましょう。パートナーが洗濯当番なら，あなたが洗濯をするようにしてみましょう。一日を過ごしながら，あなた自身の反応を観察しましょう。あなたのパートナーの反応にも注目してみてください。

17

ユーモア

ユーモアのセンスのない人は，バネのない荷馬車のようなものだ。
道路の小石ひとつひとつに揺さぶられる。
ヘンリー・ワード・ビーチャー

　ユーモアは，人生の大きな贈り物の1つです。ユーモアが人間関係の中に
あるだけで，いろいろなことが可能になります。笑いは明るさや喜びをもた
らし，大きなことを小さくするだけでなく，些細なことをより大きな素晴ら
しいものにする力を持っています。パートナーと一緒に笑うことは，クスク
ス笑いであれ，お腹を抱えて笑うようなものであれ，親密さを形成する上で
大切なことです。このように互いに笑いあって過ごすことは，二人を若々し
く，豊かにします。

　ユーモアの最も素晴らしいところは，それを私たちが人間関係の中に取り
入れることができるということでしょう。ダラーとアンドリューは，パロア
ルトにある素敵なコテージに数年間住んでいました。二人の家は通りからは
見えず，四方を葉の茂った木々や草花に囲まれていることを二人とも気に
入っていました。大変な仕事を終えて帰ってくると，良い香りのする隠れ家
に帰ってきたような気分でした。

　その後，二人に災難が生じます。新しく越してきた人が隣の家を購入した

のです。ある日，ダラーとアンドリューが家に帰ると，今まで木々に囲まれて見えなかったはずの自宅のフェンスがむき出しになっているのが見えました。自宅の周囲にあったすべての木は，隣人による大規模なリフォームのために伐採されていました。それらの木々は隣人の敷地内にあったため，二人は手出しできませんでした。アンドリューはその隣人とやりとりをして，隣人は伐採した土地に何かしら植物を植えるつもりだとは言いましたが，元の景観に戻るには何年もかかるでしょう。ダラーは現実を受け止められず，過ぎてしまったことと割り切って考えることができませんでした。彼女は，隣人が家のリフォームのためだけに美しい，立派な木々を切り倒したこと，近隣の景観を変えてしまう大作業を行うのに近隣の人たちに話を通さなかったことに憤慨していました。現実的な性格のアンドリューは，ダラーが文句を言うと「僕たちにできることは何もないよ」と言ったこともありました。これは言い換えれば，「文句を言うのはやめて，前に進もう」と言ったつもりでしたが，ダラーにはまだ前に進むための準備ができていませんでした。

　それから約２週間後のある日，ダラーは再び家に戻り，玄関の小道に向かいました。彼女は立ち止まって，その隣人の住む家をじっと見つめました。フェンスに腰掛け，隣の家の敷地を睨みつけました。すると，気づかぬ間にアンドリューがダラーの横に立っていました。どうやら，自宅の窓からダラーを見かけて出てきたようです。アンドリューは，ダラーにそっとあるものを手渡し，家の中に戻っていきました。手渡されたものを見てみると，それは生卵でした。彼女はくすくすと笑い始め，最後には大笑いしました。彼女が卵で笑った理由を知りたいのであれば，米国憲法修正第５条^{訳注12}を見てください。それから家に帰るたび，彼女は卵のことを思い出しては笑っていました。

訳注12：米国憲法修正第５条にある，大陪審とは「裁判として起訴するかどうかを争うための裁判」のことです。死刑がある罪や，破廉恥罪の場合，大陪審による告発や正式起訴でなければ裁判は行われないことを逆手に取り，たとえ隣人に怒りに任せて生卵を投げ入れたとしても裁判にはならないよ，というジョークをアンドリューが用いたのだと私たちは理解しました。ダラーは「こんなことで生卵を隣に投げ込むのもばかばかしいと思い，肩の力が抜けた」のかもしれません。

　この例は，人間関係の中でユーモアが果たす役割を示しています。関係の中にユーモアを取り入れるだけでなく，思いやりと理解を積極的に示すことができます。アンドリューは，ダラーの激しい欲求不満と無力感に気づいていました。彼は彼女の気持ちを変えようとしたり，自分が共有していない体験から目を背けようとはしませんでした。むしろ，彼女を満足させ，彼女が行き詰まっている感情を表現し，その感情を乗り越える助けとなる方法を考えました。卵をダラーに手渡したことは，ユーモアを用いるゆとりがないような状況であっても，アンドリューはユーモアを用いることができることを示しています。では，彼はあの状況でどうすればいいか，どのようにして知ったのでしょうか？　おそらく，フェンスに腰掛けたダラーの様子を見て面白いと思ったか，あるいは人生にはいろいろなことがあるのだという直感に導かれたのかもしれません。

ユーモアのためのワーク

　あなたがパートナーと一緒に心から笑った時のように，二人で何か面白いことを楽しんだ時間を思い返してみてください。この時の記憶をよく思い出しましょう。あなたはパートナーと何を共有して笑い合い，その時どのような気持ちでいたかを思い出しましょう。このあたたかい感情を含んだ記憶は，今でも良い笑いを提供することができるでしょう。ユーモアは強制することはできませんが，ユーモアの種はそこら中に転がっていて，気づかれるのを待っているように見えます。今日一日，あなたがユーモアに気づくことができるかどうかを確認してみましょう。

18

支配から自由になること

愛する力が権力欲に取って代わる時を，私たちは待ち望んでいる。
その時，この世界は平和の恵みを知ることになる。
ウィリアム・E・グラッドストーン

　かつて，一人の男性がいました。彼は苦難の人生を送っていて，孤独で人から愛されていないことがどんなに辛いことかを知っていました。彼は生き延びるために必死で，しばしば飢えの状態に陥っていました。そんなある日，彼はちょっとした幸運に恵まれます。森の中で食料を探していた時，彼は古い革の袋を見つけました。中には黒檀の木箱が入っていました。彼はその箱を拾い，大事に胸にしまいました。その箱を持っているだけで，幸せな気分になりました。その帰り道，丸太の下に隠された何かに目が留まり，そこで彼はまた別の袋を見つけます。中に何が入っているのか見てみたい気持ちに駆られましたが，今手にしている箱を手放したくはありません。彼は，黒檀の木箱を手放してしまえば幸せな気分が消えてしまうと知っていたからです。だから彼は，その袋には何も入っていないと自分に言い聞かせて家路を急ぎました。もちろん，その袋の中に大量のルビーが入っていると知っていたら，手にした木箱を諦めてでもその袋を拾い上げていたことでしょう。

　私たちが心を開いていれば，多くのことが手に入ります。最初は人生や経験に対して開かれていたかもしれませんが，どこかで失うことを恐れ，潜在

的な痛みから身を守ることを学びます。この種の自分の身を守ろうとする防御的かつ保身的な姿勢は，人間関係に致命的な影響を与えます。すなわち，失うことを恐れるあまり，過度に守りの姿勢をとることで，成長の機会を逃してしまいます。

　人々はしばしば自分を守るために，権力と支配に頼ることがあります。自分の身に生じることをコントロールできていると感じれば，何かを失ったり，傷ついたりする体験をしなくて済むと考えるからです。しかし，私たちは力と支配の意識にとらわれることで，大きな犠牲を払うことになります。

　他者と深い関係になることを恐れる，アグストの事例を紹介します。彼がイザベルにプロポーズをした時，彼の友人たちは喜ぶと同時に驚きました。アグストはイザベルのことが好きでしたが，アグストはこれからの人生を一人の人と一緒に歩んでいくことに確信が持てないでいました。結婚生活に慣れてきた頃，彼は自分があまり自立できていないことに頭を悩ませていました。彼は，自立できるように自分をどうにかコントロールしようと決意しました。例えば，夕食の時間を知りたがるイザベルに悩まされていたアグストは，何時に帰ってくるかを教えないか，あるいはあらかじめ知らせておいた帰宅時間よりも遅く帰ることで，自分の自立を主張しました。

　彼らの共通の友人であるクリスという女性とイザベルがひどい喧嘩をしたことで，事態は深刻化しました。イザベルに仕返しをしようと，クリスはわざとアグストと仲良くなろうとしました。アグストとしては，自分は状況に左右されない人間であることをイザベルにわかってもらいたかったし，イザベルとクリスがひどい喧嘩をしても，自分はクリスと友達でいられるということをイザベルに理解してもらいたかったのです。イザベルがアグストになぐさめや理解を求めると，きまって彼はこれからもクリスと友達であり続けることを主張しました。イザベルはすぐに自分の気持ちを抑えるようになり，夫婦関係は疎遠になっていきました。

　これは，最初に紹介したような，黒檀の木箱を守るためにルビーを手放してしまうという悲しい出来事であるといえます。アグストは自分の身を守ろうとする姿勢にとらわれ，誤ったやり方で自分の自立を守らなければならないと信じ込んでいました。彼は自分が何かを諦めるように求められているとしか事態を見ることができませんでした。確かに，彼は結婚を個人の選択を失うものとして捉えていましたし，それ故に彼は，自分がまだ人生の選択肢を持っているのだということを証明するために，戦わねばならないと感じていました。彼は自分の手の中にあるさまざまな選択肢の数々を見ることができませんでした。自分の妻を尊重すること，サポートすること，そして自分たちの結婚をより良いものにする道を歩むことができませんでした。彼は，関係性の中で取られる行動のひとつひとつが，義務ではなく数ある選択の1つであると理解することができませんでした。皮肉なことに，自立を求めようとする彼の信念は，最終的には異なる選択をするという柔軟性も失われてしまい，彼は関係を犠牲にすることになりました。イザベルは彼がいつ帰ってくるのか聞くのをやめ，彼が何をしたのかと気にするのをやめたことで，最終的にはアグストは自由を完全に取り戻しました。しかし，残念なことに，アグストは今日に至るまで，結婚生活の中で心を開き，防衛を解く選択をすると，今の生活がどう変わり得るかをわかっていません。

　支配は人の幻想です。誰も私たちから選択する力を奪うことはできません。つまり，私たちにとって自立の最も素晴らしい形は，選択できるということなのです。守る必要のないものを守ろうとすることは，私たちが持つ可能性を奪うことになります。あなたのパートナーとの関係の中で，ルビーの袋をあきらめるようなことは起こっていませんか？

支配を手放すためのワーク

　数回ほど深呼吸をして，目を閉じてください。あなたが巨大な講堂のステージに立っている姿を想像してみてください。観客は立ち上がり，あなたに拍手喝采を送っています。そして役人が歩み寄ってきて，あなたの首に立派なメダルをかけます。メダルの裏には「支配の達人」と書かれています。あなたは，拍手喝采する観客に手を振ります。そして，あなたは，メダルを首にかけたまま街を歩きます。街の誰もが「支配の達人」に微笑みかけてきます。街にはあなた専用の駐車場があり，カフェでは他の客があなたに席を譲ります。

　しかし，あなたはメダルを重く感じ始めています。首を引っ張られ，頭痛が起こります。それに，誰もあなたに話しかけてきてくれません。街の人たちはあなたに敬礼をして，急いで去っていきます。長い時間，一人で過ごしています。ついに，メダルの重さに耐えられなくなり，あなたはメダルを外したところで，あなたはとても安堵します。メダルを首から外すと身体が軽くなり，自由に動けるようになりました。

　この身軽さの中で，自分を休ませてあげてください。これが支配を手放すことだと知ることで，あなたは楽になることでしょう。

19

ゆっくりと時を過ごす

一瞬の忍耐は大きな災いを防ぎ，一瞬の焦りが一生を台無しにする。
中国のことわざ

　時間の流れが速い文化の中で，私たちは物事を迅速に処理することに慣れています。2秒あればインターネットで欲しいものを探せるところを，8秒かかると苛々してしまいます。

　今の時代，「スロー（ゆっくり）であること」の姿勢を育てるのは難しいことですが，育てるだけの価値はあると言えます。人間関係の中でゆっくりと物事を進める力は，災いを防ぎ，優しさと「正しい」行いをもたらしてくれます。ゆっくりと生きることを大切にしていくには，焦らずに時の流れを受け容れるだけではなく，曖昧さや戸惑い，痛みさえも経験しながら，静かに待つ勇気が必要です。

　スローであろうとする姿勢は，いくつかの方法で育てることができますが，まずは急かされることの代償についてお話ししましょう。あなたは，後になって「言わなければよかった」と思った発言をしたことが，一度はあるのではないでしょうか。それは，発言せずに待てなかった，一呼吸置くことができなかった時の小さな代償です。渋滞の中，スピードを出して車を走らせていて，次の信号でイライラしながら追い越したはずの車の横で待ってい

る自分の姿に気づいたことはないでしょうか。同じ体験でなくても，似たようなことはおそらく身に覚えがあるかと思います。あなたはパートナーに優しくしてもらえなくて，パートナーのことを最悪な人だと思い込んだことはありませんか。こうした急かされたり，思い込んだりする瞬間のひとつひとつは，それほど重要ではないように思えるかもしれません。ですが，これらは積もり積もって，貴重な時間が失われていくのです。

　時間に追われると，私たちは今を見失います。今という瞬間がもたらす世界やその美しさを見逃してしまいます。優しいジェスチャーや思いやりのある言葉を見逃してしまいます。目先のことに急ぐあまり，今この瞬間が私たちのすべてであることを忘れてしまいます。パートナーとの関係において，じっくり待つことがもめごとを防ぐことにつながるという事実を見逃します。こうなると私たちは，お互いにつながり合おうとしているのに，パートナーに微笑まなくなり，ユニークでユーモラスな方法を取らなくなります。私たちは愛を示したり，受け取ったりする機会を逃してしまうのです。

　キャシーとトニーの関係は，速いか遅いかによって決めつけられています。例えば，キャシーにとってはトニーは朝起きるのに時間がかかりすぎ，トニーはキャシーが身支度に時間がかかりすぎることに嫌悪感を抱いています。キャシーは，彼にもっと短時間で掃除してほしいと思っています。トニーは，すぐにでも犬の散歩のため公園に出かけたいけれど，キャシーは20分だけならいいよと言います。トニーが今日映画を観たいと言えば，キャシーはいい席を取るためにすぐに出発しようと言います。極めつけは，トニーはキャシーに急いで瞑想してほしいと言うこともあります。ここで最も難しい点は，互いに，相手の主観や感覚に対して苛立ちを感じてしまっていることです。ゆっくりとした時間がこのカップルには必要です。

　ゆっくりすることには努力と細心の注意が必要で，あなたは2つの方法をとることができます。まず，マインドフルネスに取り組むことです。これには練習が必要です。今という瞬間によく注意を向け，そっとあなたの感情や

思考に意識を集中させます。あなたの思考は，あなたやパートナーが急いでいることを伝えていませんか。穏やかに状況を観察し，今この瞬間，二人のためにベストなことを行いましょう。

　2つ目は，待つ練習をすることです。時間をかけてゆっくりと待ちましょう。急いでいる自分に気づいたら，深呼吸をして1分ほど待ちましょう。車のアクセルを踏む足を緩めて，自分がどんな運転をしているかに気づきましょう。ゆっくりと歩いたり，瞑想してみましょう。パートナーとの関係で，思い込みをしている自分に気づき，それが何であるかをよく考えてみましょう。相手のことを信じてみましょう。あえてゆっくり，活動に取り組んでみましょう。あなたのパートナーのペースを尊重して，相手の感情のサインを注意深く受け取りましょう。状況にもよりますが，あなたがパートナーに与えることのできる最大の贈り物は，まさに忍耐です。

忍耐のためのワーク

　あなたのスローな心を強化しましょう。あなたが普段，急いでやっていること（洗濯物をたたんだり，キッチンを掃除したりするなど）を1つ選んで，ゆっくりとやってみましょう。

　あなたがパートナーに対して急かしがちなことを1つ選び，パートナーの立場になって想像してみてください。あなたにどのように接してほしいですか？　この状況の中で，スローであることについて考えてみましょう。

パート 5

共に今を生きる
（今この瞬間を生きる^{訳注 13}）

訳注 13：「今この瞬間を生きる」とは，自分の思考と目の前の現実とを区別し，観察し，意識することを意味します。人はしばしば，自分の思考や評価があたかも真実であるかのように思い込みます。そして，ネガティブな感情や思考から逃れようとして，結果的にそれらを打ち消すために多くの時間と労力を費やします。大切なのは，冷静になって自分が考えていることと現実とを区別し，目の前の出来事をありのままに受け容れることです。それによって，自分にとって大切なもの（価値）が何であるかに気づき，そして自分の価値に従って行動することが，「今を大事にする」ことにつながるはずです。

20

マインドフルネス

何かに注意深く意識を向けると，草の葉にだって神秘的で素晴らしい，
言葉にならないほど壮大な世界が存在していることに気づく。
ヘンリー・ミラー

　あなたのお気に入りの瞬間は，どんな時でしょうか。これは，単に楽しかった思い出の話をしているわけではありません。自分と世界とが密につながっていると感じるような体験であったり，あるいは何かに深く集中して，生きていると実感するような瞬間のことを指しています。ロビンの事例を紹介しましょう。ネバダ州タホ盆地の登山コースでマウンテンバイクに乗っていた時，ロビンはそのような体験をしました。彼女は1,000フィート下に見える湖の美しい光景と，とても険しいコースに息を呑みました。彼女はペダルを踏む自分の足と，ハンドルを握る手に集中していました。鳥の鳴き声，木々の間を吹き抜ける風，砂利道を突き進むタイヤの音が彼女に完全に入り込んでいました。春の風の中を進む時の音と，呼吸の感覚を彼女は覚えています。それは素晴らしい体験でした。結婚式でバージンロードを歩いた時にもこのような体験がありました。

　このような瞬間があるからこそ，人生は生き生きとした，魅力的なものになります。こうした体験が私たちに少ないのはどうしてでしょうか。私たちの日常が，こうした重要な瞬間で満たされていないのはなぜなのでしょうか。

それは，日常的なルーティンが原因として挙げられます。日々のルーティンに拘束されるあまり，私たちはこうした瞬間を見逃してしまうようです。私たちがより頻繁に，さらに言えばパートナーとこうした瞬間を体験できる機会を持てるようになるためには，どうしたら良いのでしょうか。

　さらに，日常のルーティン以上に私たちの体験を邪魔しているものがあります。それは，私たちはこのような瞬間を，あくまで「一時のもの」と捉えていることです。こうした生き生きとした瞬間は，意図して起こるものではなく，偶然訪れるものだと考えています。自分と世界とのつながりをコントロールすることはできない，そう考えてしまうのです。

　実は，こうした生き生きとした瞬間は，平凡な日常の中にも存在しています。それは，「今」という時間の中にあるのです。あなたは，今この瞬間に意識を向けることで，自分と世界がつながっている，あるいは自分が生きていると実感できる体験を見つけることができます。"今"，"ここ"で，何が起こっているのかについて，あなたの注意や意識を集中させるだけで良いのです。

　これはもちろん，簡単なことではありません。もし，あなたが今までに瞑想の練習をしたことがあるなら，今この瞬間に注意を集中させることの難しさを知っているでしょう。私たちの心というものは忙しく，わずかな瞬間でも今この瞬間に留まることを許さず，心はものすごい速さで現れ，未来や過去について考えさせようとします。

　自分の心の忙しさをふりかえって考えてみましょう。過去に起こったことを考えたり，先のことを計画したり，情報を整理したり，心配したりすることに，どのくらいの時間を費やしているかを考えてみてください。私たちは，「今，ここ」での意識に留まれません。そのせいで，私たちは素晴らしい瞬間を逃しています。私たちは，自分の環境や世界にとどまる機会を，そしてパートナーの素晴らしさを見つめる機会を逃しています。

　幸い，あなたはこのプロセスに命を吹き込むことができます。そのためには，マインドフルな気づきを得るための練習を重ね，パートナーだけでなく二人の関係性にも向き合う必要があります。これは，あなたとパートナーとの関係性について熟考するように勧めているわけではありません（時にはそういうこともあるかもしれませんが）。むしろ，今，この瞬間によりとどまれるようになること，パートナーに意識を向けること，そしてパートナーに対してマインドフルであることを求めています。これは，さまざまな方法を使って練習できます。パートナーが寝ている間に呼吸を静かに観察したり，食器を洗っている間や焚き火の世話をしている間に，パートナーの様子をよく観察してみましょう。このような機会は数え切れないほどあります。この練習には，あなた自身とパートナーの体験の両方に，しっかりと注意を向け，心を開くことが必要です。最初にパートナーのことを意識する練習をする時は，自分の注意が散漫になっていることに気づくかもしれません。その場合は，そっと自分自身に注意を向け直してみましょう。パートナーにあなたの意識を集中させて，あなたの目の前にいる不思議な人の姿訳注14 を見てみましょう。

　あなたがパートナーと心を通じ合わせるためには，愛すること，そして心を開くことが必要だということを忘れないでください。心を開き，あなたのパートナーがどんな人であるのかについて，積極的かつ十分に意識を向け，あなたが愛する人がこの瞬間にそこにいる，ということにマインドフルな姿勢を維持しましょう。

訳注 14：「不思議な人」とは，今まで当たり前のように見ていたパートナーをよく観察すると，そこにいるのは自分とは異なる存在の人間であり，まだまだ知らないことが多い，興味深い存在として見えてくるかもしれない，という意味です。

マインドフルネスのためのワーク

　数分間，一人でいられて，かつあなたのパートナーが視界に入る場所を見つけてください。

　目を閉じて，静かに座り，あなたが（広大な）宇宙のように心を開いていることを想像していきましょう。海が波を経験し，雨を蓄えるように，あなたはすべてのことを体験し，その体験を保持することができることを想像してみてください。呼吸をするたびに，あなたは心を開き，愛を感じながら呼吸している自分を想像してください。

　数分後，そっと自分に意識を戻し，パートナーを視界に入れます。心を開いた姿勢から，心を込めてパートナーを意識してみましょう。その存在に優しく気づくように，パートナーを十分に意識してください。何かを体験しようと意識しすぎるような努力は手放しましょう。心を開いたこの場所から，パートナーを意識するだけでいいのです。

21

美しさを見つける

この世界に二銭しか残されていないなら，
一銭で大きなパンを一つ買い，もう一銭でユリを買おう。
中国のことわざ

　熟年カップルのシャーリーとリックは，生涯最後の休暇をどう過ごすかを
考えていました。経済的にも，自分たちの年齢的にも，旅行することが難し
くなってきていました。彼らは，ユタ州南部にある美しい国有林を堪能する
旅をしたいと考えていました。その国有林のアーチの雄大さや，大地の色
の素晴らしさを友人たちから聞いていたのです。出発の日が近づくにつれ，
シャーリーはこれまで有意義な旅ができたことへの感謝の気持ちを抱きなが
ら，今回の旅への好奇心を高めていました。彼女は穏やかな気持ちで荷造
りをし，旅の準備の過程を楽しんでいました。しかし，彼女の夫の旅支度は
妻とは異なるものでした。何をするか，どのようなルートを辿るか，訪れる
予定のそれぞれの場所でどれだけの時間を過ごせるか，などを気にしながら
日々を過ごしていたのです。

　旅の当日，シャーリーは家の周りをざっとチェックしてから，荷物を車に
積み込みました。彼女は出発の準備ができていましたが，リックは必死になっ
て旅のリストをチェックし，再確認していました。早朝に出発する予定で
したが，リックがチェックを終えた頃には昼過ぎになっていました。シャー

リーは座席に座り，これからの旅に思いを巡らせていました。リックはアクセルを踏みながら，予定よりも出発が遅れてしまったため，最初の目的地での滞在を楽しむためには車を飛ばして時間を稼がなければならない，と文句を言っていました。

　道中，シャーリーは車中で景色を楽しんでいました。丘の赤い砂地や，木や茂みの奇妙な形に気がつきました。ウサギが砂漠を走り抜けたり，道端にサボテンを見つけたりした時には，そのたびに説明していました。彼女はその道中に美しさを見つけていたのです。彼女の休暇が始まった瞬間でした。一方，リックは彼女が目にしたものについての発言には簡単に答え，これから目にすることのできる美しさについて発言していました。しかし，道中の多くの時間，彼は道路を見つめ，最初の目的地までまだまだ距離があることに頭を抱えていました。目的地に到着したら落ち着こうと，自分に言い聞かせていました。

　さて，この話の要点は，読み始めた瞬間から明らかだったと思います。彼らは同じ休暇を過ごしたにもかかわらず，シャーリーは至る所で美しさを見つけ，リックは自分たちが何かを見逃してしまうかもしれないことに気を取られていました。彼は未来にばかり目を向けるのに忙しくて，今ここにある美しさを見つけることができなかったのです。あなたにも，こんな人に心当たりがあるかもしれません。あるいは，あなたやあなたのパートナーはいつも急いで楽しもうとしますが,忙しすぎて今を楽しめないのかもしれません。もしかしたら，「何ができたか／何をしたか」にこだわりすぎていて，そのプロセス（過程）を楽しむことを忘れてしまっているかもしれません。

　プロセスとは，"今"起きていることです。それぞれの瞬間は，楽しむために存在しています。そして美しさは，今，ここにあります。未来や他の場所ではありません。道端のサボテンの中にも，砂地を渡るウサギが走り抜ける姿の中にも存在しています。見ているもの，聞いているもの，感じているものを意識する瞬間に存在しています。私たちが目指すことは，どこにでも

その瞬間を見つけることです。パートナーの目の中に，そしてパートナーと一緒にいる時間の中に，美しさを見つけてください。パートナーの笑顔や歩き方の中に見つけてください。あなたのパートナーに触れられることの中にも見つけてください。どんな場面でも，その瞬間を見つけるようにしましょう。何より，あなたが今，この瞬間を意識することを忘れなければ，自ずと美しさに気がつくことでしょう。

美しさを見つけるためのワーク

　あなたのパートナーとの良い思い出をふりかえってみましょう。その記憶を思い出しながら，パートナーの中にあなたがこれまで体験した美しさがあるかどうか，探してみましょう。それはどのようなものでしたか？あなたは何に最も注意を払っていましたか？

　パートナーと一緒に時間を過ごしてみてください。集中して，今日のあなたのパートナーの中に，美しさを見つけてみてください。

22

嵐の中の静けさ

自分の存在の中心に答えがある。
自分が何者であるか，そして自分が何をしたいのかの答えがそこにある。

老子

　人間関係において，すべてが苦しいと感じる時があります。すべての人間関係には，時間が存在しています。あなたのパートナーがすぐに物事に取りかからない，すぐに話をしない，すぐ動かない，すぐ見ない。これはほとんどの場合，誰かと一緒にいる時によく見られるパターンの一部です。パートナーとの言い争いやいざこざといった「嵐」が，人間関係の中で現れたり去ったりするのは自然なことです。こうした嵐のいくつかは，些細なものであり，ほとんど何の前触れもなく発生して，そして過ぎ去っていきます。後になってふりかえってみると，笑ってしまうようなこともあるかもしれません。

　ロビンとマークが付き合い始めて間もないある朝，マークは朝食にフレンチトーストを作ることを約束しました。ロビンはシナモンを大量にトッピングしたフレンチトーストが大好物でした。彼女はマークに，彼女の好みのレシピでフレンチトーストを作ってほしいとお願いしました。彼は同意しましたが，とはいえトッピングはほんの少量だろうと考えました。ロビンはフレンチトーストを口にしてがっかりしました。マークに「シナモンを入れてくれた？」と聞くと，マークは少し身構えて「うん」と不機嫌そうに答えました。

ロビンは「そう，シナモンを渡してもらえる？」と，シナモンを追加するつ
もりでそう言いました。フレンチトーストのシナモンの適切な量がどのくら
いかについて，ふざけ半分ではあるものの，真剣な言い争いが続きました。
「フレンチトーストにそんなにシナモンを入れる人なんていないよ」とマー
クが言うと，「そんなの関係ないわ。それだけ私が好きなんだから」とロビ
ンは言い返しました。30分近く続いたこの言い合いは，彼らの自宅に訪ね
てきていたロビンの母親が制止してようやく終了しました。

　これは些細な言い争いでしたが，関係の中に現れた嵐に他なりません。
マークもロビンも，今でもその時をふりかえって笑い，シナモンのことなん
かで言い合ったことを，今ではお互いふざけて話題にし合っています。この
「シナモン事件」は，些細な意見の相違だったとそれぞれが考えているにも
かかわらず，二人とも相手が理不尽なことをしていたと思っています。それ
ぞれが相手の視点を認識し，尊重することよりも，どちらが正しいかを主張
することに時間を費やしていました。彼らは，相手の立場を理解し尊重する
よりも，自分の正しさを証明することに夢中でした。このような態度は，言
い争いが大きくなればなるほど，大きな犠牲を払うことになります。

　結婚して2年目の友人は，家族の不幸により，病気の妹が小さな家に引っ
越してくる可能性に突然直面し，巨大な嵐に見舞われました。彼らは何度も
激しい口論をしました。家族の中で妹の面倒を見られる人はいないし，妹は
病気のせいで，自分の身の回りのこともままなりませんでした。口論の内容
は，お金のことから，誰が仕事から帰宅後に料理をするか，病気の妹を家で
見ている間に，誰が買い出しに行くのかに及びました。

　幸い，妹は長期療養施設に入所することができ，友人夫婦も嵐から逃れる
ことができましたが，嵐の間に多くの葛藤と怒りを経験していたため，その
影響はその後も続きました。それぞれが相手に傷つけられ，誤解されている
と感じ，自分の言い分が正しいことを証明しようと躍起になっていました。
二人が立ち直るには長い時間がかかりました。数年経った今でも，二人はこ

の時のことを非常に痛ましく思っています。その原因の1つは，土砂降りの中での二人のやり取りにあります。二人はあまりにもイライラして激怒していたので，その場の勢いで，相手を傷つけたり思いやりのない発言をしてしまいました。丁寧に対応するのではなく，その場でパッと感情的に反応してしまったことの代償として，彼らは傷つき続けているのです。

　大小問わず嵐がもたらすトラブルは，ちょっとだけ面倒なことで済む場合もあれば，とても辛い体験にもなりえます。どちらにしても，波乱と葛藤に満ちた状態で嵐を乗り切ろうとするのと，平静さや落ち着きを持って乗り切ろうとするのとでは，また違った体験になります。大小さまざまな，取り乱したりイライラしたりする嵐の中心部にいながら，あなたが自分たちの関係を襲った嵐を乗り切ることができた場合を想像してみてください。これはそう簡単ではないでしょう。しかし，私たちはマインドフルに今この瞬間に意識を向ける練習が助けになることも知っています。マインドフルネスの練習は，人生の嵐を和らげることができます。

　あなたの周りがヒートアップしても，揺らがない感覚を保つことを目標にしましょう。つまり，あなたとパートナーとの間に意見の相違がある時，あなたは腹が立っているでしょう。でも，この間にあなたがどのように行動するかは非常に重要で，異なる結果を生み出すことができます。以下のことを実践することで，パートナーと一緒にこの問題に取り組むことができます。

- 理解しながら相手の話を聴く。相手が話すのを止めた時に何を言い返そうかを準備するのではなく，あなたのパートナーが言っていることに耳を傾ける。
- 挑発的に見えるかもしれない相手の発言に返答する前に，自分の呼吸ひとつひとつによく注意を払い，何度か深呼吸をする。
- 定期的に瞑想の練習をする。
- 自分の口から発せられるすべての言葉を意識する練習をする。
- 反応する前に，少しの間我慢する練習をする。
- 自分が穏やかな湖だと想像をしながらやりとりをしてみる。雨風にさらされ

て湖面が波立った（感情的になった）としても，自身はその水面下に留まり，
穏やかさを保つようなイメージを持つ。

　こうしたマインドフルネスのアプローチを使うことで，嵐の中で立ち往生
するのではなく，嵐の目になることができます。問題がシナモンであろう
と，生活環境の劇的な変化であろうと，嵐の中心に立ち，マインドフルな方
法でパートナーと一緒にいることで，あなたが望むパートナーとの大切な交
流をするための十分な余裕が生まれます。そうすることで，お互いの違いを
尊重し，困難な問題にも揺るぎない姿勢で取り組むことができるようになる
でしょう。長い目で見れば，嵐を振り返った時に，自分の行動は苦しかった
だけでなく，そこから知恵を得たと思えるかもしれません。

おだやかでいるためのワーク

　目を閉じて静かに座り，しばらくの間，聞こえてくるものに注意を向け
てみましょう。心の中にある迷いに気づいたら，そっと元に戻しましょう。
座っている時に体の重みを感じられるようにして，筋肉の緊張をほぐしま
しょう。数分間休んだ後，太陽の暖かさを想像し，その美しい色を思い浮
かべてください。そして，この暖かさと光の一部を，自分から発せられる
ように胸の中心に置くように想像してみてください。この暖かさと光の中
で，自分自身を休ませてください。自分が何を感じているかに気づきましょ
う。さらに数分間休んでから，あなたの行動を通して，パートナーとの関
係における嵐の中に，この休息と暖かさの感覚をもたらすことを想像して
みてください。そっと目を開けて，次の質問に答えてください。嵐が発生
した時，これまでとは何か違うことができますか？　あなたの言葉はどう
変わりそうですか？　嵐の真っ只中にあっても，ペースを落として今この
瞬間にとどまることは可能でしょうか。

23

遊び心

これはそれであり，
私はそれであり，
あなたはそれであり，
彼はそれであり，
彼女はそれであり，
それはそれである。
すべてはそれなのだ。
ジェームス・ブロートン

　「遊び」という言葉の由来を調べてみると，その定義は楽しいことそのものを意味しています。定義から，「スポーツやレクリエーションをすること，陽気に動くこと，自発的に活動すること，友好的な感情を喚起するために意図された一連の動きをすること」とあります（www.dictionary.com より）。この意味を踏まえて，自分の内面に耳を傾けてみてください。この定義には生き生きとした感じがあり，さらには楽しい体験の本質を伝えています。

　カップルの遊び方はさまざまです。辛口のコメントや皮肉を楽しむカップルもいれば，身体を使って遊び，取っ組み合うのが好きなカップルもいます。共通の活動を見つけるカップル，ベッドに横たわりじゃれあうカップルもいます。すべては，関係の中で遊び，楽しむために行われています。遊びの素

晴らしい特徴の1つは，あなたがその遊びに夢中になっている時には，今この瞬間にいようと努力する必要がないということです。自然とそうなるからです。遊びは，今起きていることとあなたを結びつけます。明日への不安や昨日の反省は，今感じている喜びに打ち消されます。

　遊び続けることを忘れないでください。私たちは，その日の地味な体験や，真剣に考えることに時間を費やし，遊ぶことを忘れてしまいます。人間関係の中に遊びがなくなってしまうと，組織や構造の退屈さが入り込んできて，他のすべてのものを覆い隠してしまいます。

　遊ぶということは，物事を手放して，遊びのためのスペースを作るということです。家事は明日になってもできます。芝生も今刈らなくても大丈夫です（または誰かに頼むことだってできます）。あなたが好きなものを持ってビーチに行く，ハイキングに行く，新しいレストランにチャレンジしてみる，または公園に行ってボール遊びをしてみましょう。パートナーとの関係に喜びをもたらすものは何でもしてみましょう。かつて，エイブラハム・リンカーンはこう言いました。「最終的には，何歳まで生きたかは重要ではない。いかにして生きたかが重要だ」と。もちろん，遊びを生活に取り入れるために，少し努力が必要な時もあります。つまり，友好的な気持ちを生じさせるような一連の行為が必要だということです。

　ロビンは3人のきょうだいに囲まれて育ったので，子どもの頃は毎日のようにレスリングをしていました。じゃれ合いながら振り回されることはよくあることでした。彼女が結婚した時，パートナーに遊び心を持ち込むのは自然なことだと感じていました。しかし，これまでずっと武道を続けてきていたマークにとって，遊び心を持つということは興味深い学習の経験になりました。ある日，ロビンは効果音をつけて遊び半分で彼とボクシングをやり始めました。彼は笑顔で力を調整して，優しくパンチしたと思っていたのですが，うっかりロビンの肩に強烈な一撃を入れてしまい，ロビンから笑顔が消え去りました。もちろん，彼は謝りました。それから，ロビンは彼に"遊び方"

を教えることにしました。彼女は彼に，形をまねるのはやめて，代わりに素晴らしい効果音を作ることに集中しながら，そっとパンチを打つように伝えました。その結果，マークとロビンが笑いながらボクシングをし，「うっ！」や「シュッ！」「ドカッ！」「バシッ！」などと漫画のように二人が遊んでいる姿を想像できると思います。

　遊び心を持つということは，心を開いて，自分やパートナー，そして世界を笑い飛ばそうとすることです。たわいもない，ばかげたことをしましょう。バカになってみましょう。無謀なアイデアに注目しましょう。理屈で考えるのをやめましょう。赤っ恥をかくつもりで，チャレンジ精神を持って取り組んでみましょう。このような活力があれば，パートナーや二人の関係に喜びを感じ続けることができるでしょう。

遊び心を実践する

　はしゃぎましょう。今すぐ読書を止めて，遊んできてください。

24

フロー

どんなことが起ころうと，その流れに身を任せ，心は自由でいなさい。
あなたがしていることを受け容れることに集中しなさい。
これが最も重要なことです。

荘子

　「流れ（フロー）に身を任せる」という表現は，一般的には自然に起こっていることに抗うのではなく，起こっていることに身を任せるプロセスを指しています。ある活動の中で，心を落ち着かせるための方法として，流れに身を任せるように助言されたこともあるでしょう。流れに身を任せるということは，人間関係の中でかなり役立つことがあります。休暇や家族のイベント，または普段の夜の時間を苦しい思いをせずに過ごすことができます。あなたの人間関係で生じる意見の相違や問題が起きても，落ち着いた状態でいられるようにするために，流れに身を任せる練習をすることをお勧めします。

　また，しばしば至高体験と関連して，「流れの中にいる」という表現もあります。流れの中にいる[訳注15]ということは，マインドフルネスに似ています。マインドフルネスと同様に，フローの目標は，今この瞬間に最大限に意識を向けることです。例えば，アスリートたちは，スポーツにおける戦いの究極

訳注15：「流れの中にいる」状態をフロー体験ともいいます。以下では，文脈に応じてこれらを使い分けて翻訳しています。

の形として，このフロー体験を報告しています。彼らはミスのない試合をしていて，試合中のプレイと自分が完全につながっていると感じています。

　流れに乗っている時は，まるで自分とその瞬間が融合しているかのように，楽に行動することができます。すべてが調和しているように感じます。スポーツをしている時は，プレイしている自分と，自分が置かれている状況とに一体感を覚えるかもしれません。このように分離しているという感じがなくなると，深い思いやりが生まれます。それはスポーツに限りません。例えば，生まれたばかりの子どもを抱きかかえ，揺らしている母親を想像してみてください。子どもをじっと見つめ，意識と行動が完全に集中し，まるで子どもと一体化しているかのような，深い愛情と思いやりを感じることができます。

　この体験は素晴らしいものです。しかし，この体験が自然に起こらないものだとすると，私たちはどうすれば体験できるのでしょうか。確かに，今起きていることと一体感を感じる体験は，予告なしに突然現れ，そのプロセスはちょっとした謎に包まれています。私たちは皆，このような思いがけないつながりやフローの瞬間を求めています。皆さんの人間関係の中に，そうした体験がたくさん，頻繁に出現することを願っています。

　しかし，いつ現れるかわからない体験をするなんて，本当にできるのかと疑問に思われるかもしれません。私たちはできると思っています。単に今を意味すると言えば簡単なようですが，一方であなたの意思を必要とするので，難しくもあります。あなたは，感情体験がネガティブであるかポジティブであるかどうかにかかわらず，体験に伴って生じるどんな感情も進んで体験する必要があります。そして，あなたは普段から馴染んだ思考を進んで手放さなければなりません。

　次の例を考えてみましょう。メーガンはハワイへの短期間の出張がありました。それを利用して滞在期間を延ばし，パートナーと一緒に小さな休暇を楽しむ絶好の機会となりました。メーガンのパートナーのゲイリーは，出か

けるのを楽しみにしていました。初日はメーガンが終日会議をしていたた
め，ゲイリーはワイキキのビーチを自由に散策できました。出発前，メーガ
ンはゲイリーに日焼け止めを塗るよう優しく促しました。彼女はかつて，自
分が日焼けして旅を台無しにしたことがあったからです。オリーブ色の肌を
した素敵なゲイリーは，「そんなことは気にしなくていいよ」と返しました。
メーガンはとにかく気をつけてね，と彼にお願いしました。

　その日の午後遅く，二人は部屋で待ち合わせをしました。ゲイリーはビー
チから戻ってきたばかりで，笑顔が絶えませんでした。しかし，夜の予定を
話し合っているうちに，彼が「ちょっと太陽を浴びすぎたみたいだ」と冗談
を言い出しました。それはすぐに，冗談ではないとわかりました。メーガン
は，彼にTシャツを脱ぐように言いました。彼は少し文句を言いながらT
シャツを脱ぎ，ロブスターのように真っ赤な肌を見せました。もはや痛みを
隠すことができなくなったゲイリーは，ベッドの端に座り，身体がひどく痛
むために出かけられないと白状しました。メーガンは怒りました。

　メーガンは「だから言ったでしょ！」と休暇が台無しになったことに文句
を言い，一方でゲイリーは防衛的にそれに反応して，「こんなことになるな
んて，わかるわけないじゃないか！」と大声を出しました。しばらく大騒ぎ
が続きましたが，ゲイリーは難しい決断をしました。彼は，「何でもいいか
ら何かやってみよう，それでどうなるか見てみよう。約束はできないけど，
計画したことはやりたいと思っているんだ」と言いました。メーガンはまだ
怒っていましたし，日焼け止めの重要性について繰り返し言うのを止められ
ませんでした。しかし，ゲイリーによるこの発言はメーガンの心を動かし，
彼女は試してみることに同意しました。

　彼らはレンタカーに乗り込み，何の計画もなく車を走らせました。最も重
要なことが起こったのはこの時でした。メーガンは日焼け止めの大切さをい
うのはもうやめようと決め，ゲイリーは身体の痛みを押してまで進んで行動
することを選択しました。二人とも，この美しい場所で互いに理解し合いた

いと思っていました。太陽が山に沈んで日陰になっていた人里離れたビーチ
で車を停め，水の中に入りました。その後起こったことは，純粋な流れでし
た。彼らはボディーサーフィンをして，水しぶきを浴びました。大きな波に
息を呑み，自分たちの不器用なボディーサーフィンを笑い合っていました。
体を寄せ合いハグしたり，キスをしたり，またある時はお互いが波に乗るの
を見ていました。ゲイリーは，波に当たって肌がさらに痛くなっても笑って
いました。ゲイリーは「こんなの平気さ！」と大声を上げ，メーガンは微笑
んで目を丸くしていました。二人は美しさに包まれ，美しさの中にいました。
過去や未来に目を向けず，海やお互いと一体となっていました。

　メーガンとゲイリーは，ビーチでのこの時間を，旅の最高の瞬間だったと
述べています。二人は，進んで心を自由にし，旅を満喫したいと思っていた
のです。彼らの選択によっては，まったく違う結果になっていたかもしれま
せん。しかし，彼らの自発性と意思が，違う何かを生み出したのです。

フローのためのワーク

　パートナーと一緒に，マインドフルな散歩をしましょう。体験の流れに完
全に身を任せましょう。パートナーの声や呼吸を含め，あなたの周りにあ
る音に耳を傾けてください。あなたが目にするものに注意を払いましょう。
あなたの足が地面に触れる感触，そしてあなたの頬に触れるそよ風を感じ
取ってください。パートナーの手の感触を感じてください。一日の時間や，
太陽や月の位置に気を配りましょう。パートナーに意識を向けて，二人の
間のつながりを感じてください。

パート 6

視点を変える
（文脈としての自己^{訳注 16}）

訳注 16：文脈としての自己（self-as-context）とは，ACT の用語です。人は時に，「私は
うつ病だ」などのように自分に対する固定観念に執着するあまり，「私にはできない，無
理だ」と自分の限界を決めつけてしまうことがあります。しかし，文脈としての自己の視
点では，自分自身を思考や感情，感覚，イメージなどが浮かんでは消えていくことを繰り
返す場であると捉えます。

25

共感の場

人は苦しみと喜びを受け容れた時，
他者の魂やこころに触れるような，深い共感の仕方が理解できる。
フリッツ・ウイリアムズ

　「共感（empathy）」は，ギリシャ語の empatheia，「愛情，情熱」という
言葉に由来します。さらに細かく言えば，「内」を意味する en と「感情」を
意味する pathos から成り立つ言葉です。このことから，共感とは他者に対
する愛情や情熱の感情であると言えます。それは，自分があたかもその人に
なったつもりで，他者の内面について想像を働かせ，感じ取ろうとする力の
ことです（Kohut, 1984）。この共感する力は，人間関係に大きな力を発揮し
ます。共感は，自分のパートナーの感情をできる限り正確に理解することを
可能にする反面，共感できないことは，二人の親密さに深刻な問題をもたら
す可能性があります。

　グレッグとジェシーは，出会った頃から気の合う二人でした。二人の関係
はとても楽しいもので，二人は結婚を考えるようになりました。二人はとも
に 30 代後半で，自分は理想のパートナーに出会えないのではないかと心配
し始めていた矢先に出会えたこともあって，とても幸せを感じていました。
そんな中，突然二人の状況は劇的に変わってしまいました。グレッグが定期
検診を受けるために病院に行ったところ，深刻な病気（リンパ節のガン）で

あることを告げられました。彼はすぐに手術を受け，化学療法や放射線治療
も受けることになりました。ジェシーはもちろん，彼を懸命に支えました。
また，彼女はグレッグの病気が今後どうなってしまうのかについて不安も抱
えていました。彼女はグレッグのために，どんな時でもそばにいると約束し，
彼の手術後数週間で，二人はさらに親密になりました。

　グレッグの治療は，6カ月間ほど続くことになっていました。その数週間
後，ジェシーととても仲の良かった姉のジニーが病気になってしまいました。
ジニーの病気は原因がよくわからず，医師たちは，彼女が最近メキシコに渡
航したことが関係していると推測する程度でした。ジニーの容態は急速に悪
化していき，自分で生活を送るのもままならない状態にまで悪化しました。
グレッグは，ジニーがジェシーに助けを求めれば，二人だけの時間が今後は
減っていくだろうということをわかっていました。

　それからの出来事は，起こるべくして起こっていきました。グレッグは治療
をしても病状は悪いままで，ジェシーは彼と姉の世話に追われていきました。
ジェシーとグレッグの間には苛立ちが増え，お互いの共感が薄れ始めました。
グレッグはもっとジェシーと過ごす時間を，そして，そこで得られる安心感を
求めていました。彼は自分の苦悩に直面しながらも，結婚式を挙げたいと思っ
ていました。ジェシーは，リラックスして疲れを癒すための時間を求めていま
した。ジェシーは毎日の出来事をこなすのがやっとだったので，先のことなん
て考える余裕もありませんでした。二人は激しく口論するようになり，お
互いに誤解されているように感じて，孤独を感じるようにもなりました。

　ジェシーは姉と一緒にいる時，グレッグに対する不満をこぼしていました。
愚痴を言うことに罪悪感を覚えましたが，どうしても我慢できなかったので
す。彼女はまた，自分の愛する人が亡くなるということがどれほど恐ろしい
ことかについても気づいていました。彼女はグレッグとの距離が遠のいてい
ることを理解し，二人の関係を終わらせることを考えました。同時に，グレッ
グはジニーへの恨みが募り，自分はジェシーに本当に愛されているのだろう

かと疑問を持ち始めていました。彼は自分が二の次にされていると感じ，ど
うしたらジェシーに姉よりも自分を大事にするようにプレッシャーをかけら
れるかについて，知らず知らずのうちに考えていました。

　二人は相手の内面にある気持ちをよく考え，それを感じ取る力を失ってい
ました。二人ともそれぞれの思考や感情にとらわれすぎて，お互いの視点で
世界を見ることができなくなっていたのです。二人の関係は失われようとし
ていました。その後，グレッグはガンのサバイバーのための会にたまたま出
席しました。その会では，ある男性メンバーが自らの恐怖体験について，そ
の体験が他者と正直に関わることをどのように妨げていたかについて話題に
していました。すなわち，恐怖は彼を盲目にし，ガンが自分だけでなく，家
族にも影響を与えていたことを見失っていたと話しました。そして，その男
性は自分の妻や兄弟がガンだったらどうなるだろうか，と一人で考える時間
を設けた結果，自分は家族と死別することの恐怖と，辛いことは極力避けた
いという気持ちを抱えていることに目を向けることができた，という話でした。

　グレッグは，この男性が説明したプロセスを自分も体験する必要があると
思いました。そのため，彼は一人になる時間を作り，ジェシーの体験をあり
ありと想像してみました。彼女が愛する二人は苦痛と苦悩の中にいる，そし
て，彼女が抱えている恐怖や疲労は相当なものに違いないことに，彼は気づ
きました。すると突然，彼はジェシーが自分本位に姉のジニーを選んでいる
のではなく，彼女は姉と彼の板挟みになり，相当な苦痛を体験しているとい
うことを理解することができたのです。彼は自身の死別への恐怖によって，
ジェシーが体験する苦痛が見えなくなってしまっていたことを理解しまし
た。そして，自分がこの先のことを恐れるのは仕方がないことであると捉え，
ジェシーをこのまま休ませようと決心しました。

　その翌日，彼はジェシーに自分の体験を話しました。それによって，ジェ
シーはグレッグをより深く理解することができ，彼女が抱えていた恐怖と疲
労に身をゆだねて，彼の腕の中でただただ涙を流すことができました。お互

いの内面に入り込むことができたことが，今までとは違う体験を生み出した
のです。ジェシーとグレッグは一年後に結婚しました。メキシコで稀な細菌
に感染していたことが判明したジニーは，まだ回復途上ではありましたが，
二人の挙式に立ち会うことができました。

　ジェシーとグレッグの話は，私たちがいかに自分の考えや感情に溺れてし
まうかをはっきりと示しています。私たちは皆，自分の不満や怒りを正当化
したいと思っています。問題は，私たちが自分の不満や怒りを正当化するポ
ジションにいると，私たちが本当に大事にするもの（相手とのつながり，愛）
からかけ離れてしまう恐れがあるということです。パートナーとの関係が壊
れてしまうかもしれません。

　私たちには皆，共感する力があります。グレッグ同様，パートナーの立場
に立って，相手の感情や思考，苦悩を想像することから始めてみましょう。
自分は相手に理解されたいという願望を抱いていることに気づくと同時に，
パートナーの中にも同様の願いがあることが想像できるでしょうか。次に，
あなたのパートナーの全体像を広く認識してみましょう。パートナーは歴史
を持った一人の人間であり，思考，感情，感覚，恐怖や喜び，悩み，夢を持っ
ています。お互いの体験に気づき，認識することで共感が可能となり，二人
は力強く，かつ親密な関係を築くことができるようになるでしょう。

共感を実践する

　あなたがパートナーに対して，イライラした時のことを考えてみてください。
次に，パートナーの立場になって考えてみましょう。パートナーの立場に立っ
て，相手が抱きうるさまざまな思考や感情を想像してみてください。パート
ナーの立場で考えると，あなたは何に気づきますか？　パートナーの考えや感
情に賛成できますか？　反対ですか？　納得できますか？　相手に何を求める
でしょうか？　一通り考えてみた後は，パートナーの視点から自分の視点に戻
り，あなたが今までとは違った体験をしているかどうかを確認してみましょう。

26

成長

その時が来た。
堅くつぼみを閉じたままでいるリスクが，激しい痛みを伴うようになった頃
花を咲かせるためのリスクを選んだのです。
アイネス・ニン

　成長とは，世界についての知識や物の見方に大なり小なりの変化をもたらす瞬間である，と考えることができます。人生を捉えるあなたのレンズ（見る目）が変わり，成長の感覚や新たな理解の感覚を体験します。多くの場合，成長は外部から評価されます。しかしここでは，見方を変えて，より内面的な成長を目標にしたいと考えています。人生が進むにつれて，私たちはより多くの経験を積むことができます。より多くの記憶，より多様な思考，そしてより複雑な感情を持つようになります。こうして積み上げられたものはどこにしまわれていくのでしょうか？　答えは，文脈の中にあります。文脈とは，あなたがこれまでの人生で経験してきたことすべてを広く内包するものであり，言い換えるならば，それはあなた自身です。

　あなたは，これまでの人生においてさまざまな経験を積んできたと同時に，今この瞬間も経験を重ねています。年を重ねるごとに人は成長し，そのすべての経験を持ち続けることができます。例え，あなたが90年，あるいは200年生きていたとしても，あなたという存在は広がり続け，自分の経験

をフルに発揮することができるでしょう。素晴らしいことに，この成長する力は困難な葛藤をも受け容れます。痛みや喜び，そうしたすべての体験を受け容れるためのスペースがあなたにはあるのです。

　私たちの文化の問題点の1つは，ポジティブなことばかりを求めてしまうことです。辛い体験を排除して，良いものだけを歓迎します。良いものだけを持つことに，意味はあるのでしょうか？　考えてみてください。あなたは痛みを感じる能力を持っていますが，この能力は嫌なことばかりではないでしょう。痛みがあなたの人生からいなくなると，あなたは人を恋しく思うことはないでしょう。親戚や友人の死に動揺することもないでしょう。それどころか，人との関係をすべて絶ったとしても，気にならなくなるかもしれません。痛みは私たちの敵ではありません。実際，痛みは私たちに人生において何が重要であるかを教えてくれています。私たちには他の経験と同様に，過去の痛みもこれから生じる痛みも，すべて経験していく力が備わっています。

　このことは，あなたとパートナーの両方が，人間のすべての感情（いわゆる良い，悪いと言われる感情）を体験することができる，ということを意味しています。あなた方にはそれぞれ，そのすべてを抱えるための無限のスペースがあります。このことを知ることで，私たちは多くの自由を手にします。

　具体的には，自由と言っても，私たちが経験するすべての痛みを自動的に受容できるという意味ではありません。例えば，私たちはあなたが甘んじて虐待を受け続けることを望んではいません。あなたが他の何も体験できないほどの苦痛に満ちた関係になってほしくもありません。悪い状況を受け容れるために，この能力を使う必要はありません。しかし，あなたが大切にするもののために，あなたは痛みを伴う思考や感情を受け容れることができますし，パートナーの辛い思いや感情も受け容れることができます。

　パートナーとあらゆる経験を共有し得ることに気づいた時，あなたは大きな成長を遂げるでしょう。お互いが成長し，それを一緒に楽しむことができ

るのです。二人が遭遇してきたすべてのものは，あなた方それぞれに保持されています。これは，あなたとパートナーが悩んでいる時に，とても有利に働くことがあります。たとえ，二人の間に葛藤が繰り返されても，その葛藤を抱える力が自分たちにはあるのだということを理解していると，心が和らぎます。あなたにはその能力があることを忘れないでください。

　ヤンはクリスマスに家族と過ごす時間を楽しみにしていますが，彼女の夫クレイグはそうではありませんでした。彼はむしろ，自宅で過ごしたいと思っています。ヤンは頻繁に家族に会うことができないので，二人で少しの間話し合ったのち，大抵は帰省することに決まります。クレイグは，ヤンの家族の期待に応えるのを難しく感じています。ヤンの家族は，短い滞在時間を家族との交流に費やすことを期待しているのです。クレイグはこれにイライラし，家族のあるイベントに自分を連れて行こうとしたヤンに腹を立ててしまいます。ヤンはクレイグのイライラにイライラして，旅行はケンカに変わります。

　このパートで紹介した，自己を広げるという感覚が，二人にとってどのように役立ったのかを紹介します。二人はそれぞれ，自分たちが置かれた状況を課題として認識して，お互いにイライラしたり，相手に要求したりするのではなく，相手の体験や自分の体験を受け容れる選択をしました。クレイグはヤンが自分の家族のところに行きたいという気持ちと要求を受け止め，ヤンはクレイグのヤンの家族とは一緒に過ごしたくないという思いと要求を受け止めました。今では，二人がヤンの家族の元を訪問する時，クレイグは一人で過ごす時間を作っています。ヤンは家族にこのことを理解してもらえるか不安はありつつも，その不安を含めて受け容れています。クレイグは，ヤンの家族を訪問している間，ヤンにはあまり期待できないことを受け容れています。また，ヤンの家族は，クレイグが一人で過ごしたいという思いを理解してくれないと思った時に生じる感情も受け容れています。この複雑な体験のすべての側面を受け容れることで，帰省した時の葛藤は大幅に軽減されました。

　私たちは，あなたが考え，感じ，触れたものすべてを受け容れる「永続的な」能力を持っていることに気づき，クレイグとヤンのように成長できることを願っています。

成長に向けての実践

　静かに座って，あなたの呼吸に意識を向けましょう。しばらくしてから，あなたの心に注意を向けてください。自分の中にある経験のすべてに触れることができるかどうかを確認してみましょう。あなたのこれまでの記憶について考え，あなたがこれまで生きてきた時間をどのようにふりかえるかについて，注意を向けましょう。

　あなたがこれまでに経験した数え切れないほど多くの思考に気づき，その時々でどのように多くの思考を生み出し続けているかに意識を向けてみましょう。自分の感情に気づくとともに，そうした感情はいつでも経験することができるということに気づきましょう。

　また，あなたとパートナーの双方がこの力を持っていることに気づいてください。しばらくの間，このすべての経験に触れるという感覚に浸ったのち，今いる場所に意識を戻しましょう。

27

神聖な空間

あなたの神聖な空間とは，自分自身を繰り返し見つけられる場所のことだ。
ジョセフ・キャンベル

　あなたは今まで，自分と他者が，そして世界が，完全につながっているという感覚を抱いたことはありますか。もしくは，自分自身が思いやりに満ち溢れ，誰に対しても愛情を感じるといった感覚を抱いたことはありますか。ある人はこうした感覚を，平和で穏やかな瞬間であると述べるかもしれません。またある人は（あくまで自分と世界はつながっているに過ぎないものの），世界よりも大きくなったような感覚であると述べるかもしれません。こうした瞬間は非常に珍しいものであり，あなたが必死に見つけようとしても，見つけにくいものです。

　では，こうした瞬間はどこで体験されるのでしょうか。答えは，より大きな感覚の自己，つまり「文脈としての自己」を通して体験されると，私たちは考えます。別の言い方をするならば，「神聖な空間」とも呼べるでしょう。すなわち，私たちが生きている限り体験するすべてのものをしまっておく場所ともいえます。「神聖」とは文字通り，日常から離れていることを意味します。つまり，感情そのものではなく感情に触れるための場であり，記憶そのものではなく記憶が生じる場を意味します。この日常から切り離された空間は，人々が生きていく過程の一部であり，一瞬一瞬の体験を観察すること

によってのみ，写し出されます。

　私たちが一瞬一瞬の体験に触れる時，意識から離れ，自身の生活や対人関係において，真に存在感を発揮できるようになります。神聖な空間では，人は評価や判断を受けることがありません。したがって，私たちは世界と，そして私たちが愛する人たちと，よりオープンに対話することができます。具体的には，私たちの中にある思考や企画，計画，議論，物語といったすべてを観察することができます。私たちは，私たちのコアにある場所と，いつでもつながることができます。

　私たちはほとんどの場合，人と心を通わせようとします。ただ残念なことに，時には，はっきりと自分の心に沿って動くことができないこともあります。他者と親密な関係を築く上では，本当に自分が大切にしているものに従って行動することが必要です。

　では，どのようにして神聖な空間へアクセスしたら良いのでしょうか。おおよその答えは見つかっています。思い出してください，神聖な空間とは，自分から見つけようとすると見つけにくいものだと最初に述べました。無理やり探そうとすると，特に見失ってしまいます。あなたが無理にこの神聖な空間に入ろうとすると，ただ存在しているだけのその空間が失われてしまいます。強制的に存在させても意味がないのです。むしろ，意識を養う過程こそが大切であり，自分自身が自分の心や思考を超えて，それらの体験を観察することができることを，穏やかに認識することが求められます。

　マインドフルネスを実践したり，瞑想したり，瞬間を観察したりすることは，いずれも神聖な空間へのアクセスを後押しします。私たちが存在していることに意識を向け，他者の存在を認識することで，私たちはパートナーと安定したつながりを作ることができます。また，パートナーの神聖な空間にも深い感謝の念を抱くことができます。

神聖な空間に敬意を払う練習をする

　静かに座って，自分の呼吸を観察します。しばらく，呼吸を続けてください。その後，目の前に広がる美しい野原に自分が立っていることを想像してください。あまりにも広大で，端が見えません。野原は穏やかで，生命に満ちています。草花がそよ風にそっと揺れ，ミツバチがのんびりと動き回っています。あなたはこの空間を神聖なものであると思い込んでいるため，この野原はあなたの手の届かない場所だとイメージされていることでしょう。この神聖な空間で，自分自身を休ませてみましょう。この触れることができない野原に，あなたをつないでみましょう。

　あなたという広大な体験（自己という神聖なフィールド）とつながることができた時，あなたは自分の人間関係についてどんなことに気づくでしょうか？　この場所から，あなたはパートナーとどのように関わろうとしているでしょうか？

28

存在しているということ

自分のビジョンのために，自分の強さを発揮し，力を発揮する勇気を持てば，
自分が恐れているかどうかは，重要ではなくなってくるものだ。
オードレ・ロルド

　人生は，文脈の中で展開しています。本パートではこれが意味するところ
を探ってきました。時に私たちは，自分の思考，感情，役割，または記憶をそっ
くりそのまま信じ込んでしまいます。ですが，私たちは，これらに定義される
ことのない，より大きな存在であるはずです。そして，このまるごと存在して
いるという感覚が，私たちと世界とのさまざまな相互作用を生み出します。

　しかし，私たちは自分の思考や感情を超えた大きな存在でいるということ
を見失いがちです。ラジとサルラの事例を紹介します。二人の関係では，そ
れぞれが一定の役割を果たしていました。サルラは，責任感のある妻と母親
の役割を果たしていました。彼女は，請求書が期限までに支払われている
こと，家の中を整理すること，買い物をすることを忘れずに行なっていまし
た。彼女は家庭がうまく回っていることを確認してきました。一方で，ラジ
は楽しいことを大事にする男性の役割を果たしてきました。彼はいつも，今
日やるべきことを明日まで先延ばしにしてきました。二人の関係はほとんど
の場合，このような役割分担で概ね問題なく進んでいました。しかし，ある
時，サルラはラジに，もっと責任感を持つよう不満を言ったことで口論とな

りました。ラジは，サルラが本来の自分とは違うものを求めている，つまりは自分から遊び心と自分らしさをとりあげられるのではないかと恐れていました。二人とも，自分たちは役割をこなしていただけだということを見失っていました。すなわち，役割に注目するあまり，単なる役割を超えたより大きな自己の感覚に気づくことができずにいました。言い換えるならば，二人は，自分たちの存在そのものに気づけていなかったのです。

　もし，このカップルが自分たちは役割をこなしているだけだということに気がついていたら，また違った関係を築けていたかもしれません。内容（私たちを役割に縛りつけるもの）よりも文脈に基づいて選ぶ力は，私たちにより大きな視点で生きる力を示してくれます。例えば，ラジとサルラが，自身の役割を意図して誇張した姿を想像してみてください。ラジは何かを頼まれると小さな男の子のように大げさに振る舞い，地団駄を踏むでしょう。サルラはすべてをコントロールし，ラジを小さな男の子として甘やかすことでしょう。二人とも，自分の役割に没入することを選ぶこともできますが，一方で，自分たちの役割から抜け出すことも選択できるのです。この発見は，多くの新しい可能性をもたらします。すなわち，二人は解放され，自分たちの「存在」が何であるかを見失うことなく，新しい役割を担うことができるようになります。これによって，彼らは不満や恨みを抱くのではなく，関係性を深めるようなやり方で交流することができるようになります。

　このような視点の切り替えは，役割だけでなく，他の領域でも起こることがあります。例えば，私たち自身がパートナーを自分の価値観で判断していることに気づいた時に役立ちます。多くの人は，他者を批判することを減らしたいと思っていますが，それでも特に親しい間柄では批判的になってしまうものです。相手が無神経で不親切だと感じたり，要求がましくて思いやりがないと判断するかもしれません。大事なことは，より大きな視点に気づくことです。自分が判断していること，他者が自分を判断していること，そしてこれらの判断はお互いさまであるということに気づくことで，私たちは自分の判断を手放す余裕が生まれます。大きな視点に立ち，自分のことを体験

の対象としてではなく，体験する主体として見ることで，感情や記憶，そして関係の中で瞬間瞬間に発生する感覚にどのように関わるか，ということに影響を与えることができます。そして，一度立ち止まり，それぞれの体験を文脈の中で認識するだけの，十分な時間をとることができます。文脈とは，個人的な体験よりも大きくしっかりとしたものです。こうした視点により，私たちは自分の人生の中心で生きることができ，パートナーの人生の中心ともつながることができます。

存在することを意識する練習

　パートナーとの関係において，あなたが果たしている役割を取り上げてみてください。その役割は何でしょうか，言葉にしてみましょう。あなたの想像の中で，その役割を誇張してみましょう。完全にその役割になりきり，大げさに振る舞ってみてください。

　次に，別の役割を選んで，同じことをしてみましょう。さまざまな役を入れ代わり立ち代わり演じながらも，あなたの中で揺らがないものがあるか，確かめてみてください。さまざまな役割を超えて，あなたがパートナーとの関係性において，真に望んでいるものは何でしょうか。そして，そうしたあなたの感覚は，パートナーと素晴らしい関係を築く上で，どのような強みとなるでしょうか。

29

悟り

悟りへの道はさまざまあるが，心を伴うものを選びなさい。

老子

　悟りとは，個人の欲望や苦しみを超越した，神聖な状態を指します。悟りへのスピリチュアルな旅は，心を開き，心の限界を超えていくよう，人々に呼びかけます。そして，パートナーに対しても心を開き，心の課題を超えていくよう呼びかけます。

　この旅の目的は，パートナーとの間で愛情を深めることであり，パートナーを変えることではありません。この違いは重要です。時に，パートナーの一方，または二人ともが相手を変えることにとらわれてしまいます。そうなってしまうと，二人の関係は相手を別の人間に変えることが目的になってしまいます。これは「あなたが〜ならいいのに」という発言に表れます。こうした願いは，相手にもっと思いやりがあって，優しくて，穏やかで，誠実であってほしいという執着の表れであるかもしれません。また，「彼がこんなに冷たくなければ……」や「彼女がこんなにおしゃべりじゃなければ……」といった相手に対する「〜でなければいいのに」という執着の表れかもしれません。こうした発言が何を意味するのかをより掘り下げてみると，あなたは「あなたが他の誰かであれば，私はあなたを愛することができるのに」と言われていることに気づくでしょう。つまり，こうした，相手の変化

を無理強いするような行為は，二人の関係を損なうことになりかねず，特に
それが相手の性格に関するものであればなおさらです。

　あるカップルの事例を紹介します。ダイアンはディエゴに対して，交際開
始当初から，あまり冗談を言わないでほしいと思っていました。ディエゴは
イタズラをしたり，面白い話をするのが好きな性格の持ち主でした。ダイア
ンはこれを子どもじみていると思い，ディエゴがからかい始めると，それが
彼女に向けられたものでなくても，彼女からは笑顔が消え，腕組みをするよ
うになりました。ダイアンは，あるがままのディエゴを受け容れることがで
きなかったので，彼女は不機嫌な行動をとることでディエゴを操作しようと
しました。

　私たちがパートナーとの関係性において，個人の欲望や苦しみを超越した
神聖な状態にたどり着く上では，パートナーをありのままに，すべての欠点
や変わったところ，これまでの失敗や癖，すべてを受け容れることが必要で
す。また，パートナーの素晴らしい特徴もすべて受け容れます。先程の事例
の場合，ダイアンがディエゴの目立った嫌な特徴に注目するのではなく，ディ
エゴそのものを見ようとしているのかどうか，聞いてみたいところです。私
たちは，ダイアンがどんな執着を抱えているか，調べることを提案するでしょ
う。つまり彼女は，洗練された男性（見た目を心配しないでパーティに連れ
て行ける人）と結婚する，という考えに執着していたのです。頭が悪そうに
見えない，魅力的な男性と付き合うことに執着していました。そんな時，彼
女はディエゴと出会い，恋に落ちました。彼女は彼の愚かな行動を変えて，
彼を自分の思い通りに変えられると確信していました。しかし，ディエゴは
そうはなりませんでした。最初のうちは，ダイアンが腕組みをして真顔にな
ると，彼は恥ずかしさを感じていました。時々，彼は部屋を出て行き，また
別の時には彼女にもっと冗談を言おうともしましたが，状況を悪化させるだ
けでした。二人の関係に最も問題があったのは，彼が怒って引きこもってし
まった時でした（とはいえ，彼を責めることはできません）。

　自身がパートナーに求める「あるべき姿」に従って相手との関わり方を決めてしまうことは，自分の選択を放棄しているに等しいと言えるでしょう。すなわち，パートナーとの過ごし方が，自身の執着によって左右されているのです。このような状況下で悟るには，どうすれば良いのでしょうか。答えは，自分がどのような執着を持っているかに気づき，それらに穏やかに別れを告げることです。このような先入観を手放すことで，私たちは自分のパートナーのありのままの姿を愛することができます。これこそが，より根本的で思いやりのある愛情と言えます。

　また，他者との関係性において，個人の欲望や苦しみを超越した神聖な状態にある時，私たちは「変化すること」に対して悟りを開いた見方ができるようになります。人は，パートナーとの関係の中で何百，何千もの変化を経験します。その過程には，喪失と成長も含まれます。私たちが喪失と成長を受け容れないことに囚われると，関係性は良くなるどころか悪くなってしまいます。

　デールは，日曜日に彼の妻サンドラとハイキングを楽しみました。彼らは自宅近くにある丘でのハイキングに興じるようになりました。その後，サンドラは自転車の事故で膝を痛め，ハイキングをすることができなくなりました。彼女はデールとのこの時間を大切にしていたので，ハイキングの代わりになる活動を見つけたいと思っていました。しかし，デールはアウトドアにこだわりがあったので，それに代わるものを探すのには乗り気ではありませんでした。そこでサンドラは，デールがハイキングをしている間，日曜日に地元の病院でボランティア活動をすることにしました。

　サンドラがいない初のハイキングで，デールは一緒に楽しめないことを寂しく感じ，妻を再びハイキングに連れ出す計画を立て始めました。彼は，妻の普段の運動量とハイキングのペースを計画しました。彼は，二人が何回休憩を取るか，彼女が辛い痛みを感じたらどのように声掛けして，彼女をサポートするかを考えました。後になって，デールは自分が考案した素晴らし

いアイデアを提案しましたが，サンドラの「いや，やめておくわ」の発言に
驚きました。彼は，彼女がこの話に乗ってこないとは思いもしなかったので
す。しかし，サンドラはボランティア活動を存分に楽しんでいて，3カ月後
の活動にも参加する約束をしていました。彼女は，膝に負担のない，やりが
いのある活動を見つけたのだと，デールに話しました。

　ここでのデールの悟りとは，変化や喪失を体験することに心を開き，進ん
で変化と喪失を経験すべく，現状維持への執着を手放すことでした。デール
は，サンドラのボランティア活動に憤慨して，日曜日には自分は見捨てられ
たと感じていたかもしれません。しかし，彼は二人で過ごすことへの執着を
手放すことができました。心を開き，彼はハイキングを楽しみ続けながらも，
彼女の新しい取り組みを全面的にサポートしました。

　二人の間で起こったことをありのままに認識し，進んで経験することが，
パートナーとの愛情を深め，自身の執着を手放す上では必要です。すなわち，
パートナーの欠点に対する不安，喪失や変化の痛みを受け止めつつ，とにか
く相手に対する愛情に重きを置くことが求められます。あなたが自分の考え
や気持ちを超越することで，あなたはますますパートナーを愛するための行
動を取ることを選択できるでしょう。

悟りを実践する

　あなたがパートナーにこうであってほしい，パートナーに変えてほしい
と願う，あなたの執着やこだわりについて考えてみましょう。目を閉じて，
あなたの執着のイメージを作ってみましょう。それはどのようなものでしょ
うか？　このイメージとその影響について少し考える時間をとったら，イ
メージに対してさよならのキスをしたり，別れを告げる場面を想像してみ
てください。あなたの執着を手放しましょう。

30

全体像をとらえる

ここからの眺めは最高だ。ここで人生の時間を過ごしている。
マイケル・P・アンダーソン

　私たちが頭で考えていることを, そっくりそのまま真実だと思う時, フュージョン（融合）が起こります。私たちは, 心の中で呟かれたことが, 自分という存在そのものだと信じています。例えば, あなたが「自分は無価値だ」と考えているとすると, あなたは自分が無価値な存在であることを信じて, その考えに一致した方法で行動することに気づくと思います（例えば, 拒絶を恐れて関係から離れたり, 友人があなたを好きなのは使い勝手がいいだけだと信じる）。するとここで, 自分は無価値であるという思考が問題になります。自分は大丈夫だ, 実際のところは無価値ではないと, あなたは急いで自分の思考を修正しようとするでしょう。しかし, それによってこの問題はさらに厄介なことになります。つまり, あなたが自分は無価値ではないことを確かめようとする時, 自分が無価値であるという思考の一端は受け容れることにもなります。なぜ人は, こうした反証をしようとするのでしょうか。こうした行動には, 実は矛盾が仕掛けられているのです。すなわち, 自分が無価値であるという思考を否定すべく, その考えを一旦は受け容れるという行動によって, そもそもの頭に浮かんできた思考が自分という存在そのものを表しているのだろうか, という事実を検証する機会を失ってしまうのです。

　ここで，別のアプローチを試してみましょう。あなたは宇宙であり，「自分は無価値だ」という思考を含めたあなたのすべての思考は，その宇宙の中の無数の星であると想像してみてください。宇宙には星が存在しますが，宇宙は星によって定義されているわけではありません。同様に，あなたの心には思考が存在していますが，あなたはその思考によって定義されてはいないのです。「私は無価値だ」という思考は，特定の意味を持つ言葉の集合です。「私は無価値だ」というのは，「私は価値がある」というのと同じように，ただの思考にすぎません。あなたは自分の思考を眺め，それが何であるかを穏やかに観察することができますか？　それは単なる思考です。感情，感覚，記憶についても同じことが言えます。これらの体験は，宇宙に抱かれた星のようなものです。

　自分の考えや感情，個々の星よりも大きな存在であるというこの場所から，自分という宇宙は壊れていないことに気づきます。あなたも同じです。あなたは思考，感情，感覚を体験する全体の存在なのです。あなたは（主体的に）体験する人であって，体験されるものではありません。「全体」という言葉は，完全な状態という意味です。例え 1 つの星が，あるいはいくつかの星が「あなたには価値がない」と言ったとしても，あなたのすべてが損なわれるわけではありません。

　そして，あなたはこれらの思考や感情が存在する宇宙であり，別の思考や感情が存在しているパートナーという別の宇宙に出会うことを想像してみてください。あなたは同時に，パートナーの全体像を認識し，その上で人と関わることができます。あなたがこの場所から誰かと関係を持ち，相手もあなたと同じことをする時，二人は深い相互扶助の意識のもとで存在することができます。あなたが自分と同じ方法で相手をありのままの状態で見ることができると，深いところで他者を受け容れることができるようになります。

　ダナはトッドとの関係を大切にしていました。しかし，ダナは幼少期に虐待を受けた経験から，自分は傷つけられたという考えを密かに持っていまし

た。自分は壊れているという気持ちが，トッドと一緒に過ごす自分の邪魔を
していました。トッドがありのままの自分を受け容れてくれるとは思ってい
ませんでした。ダナは笑顔を装い，自分の傷を隠そうとしました。他の人よ
りも早く仕事を成し遂げたことを自慢したり，仕事の質を自慢したりしてい
ました。ダナはこのように振る舞うことで，自分はうまくやれているのだか
ら大丈夫だ，と思っていました。トッドはダナのことが好きでしたが，彼女
の行動が気に入らずに関係を絶ちました。こうして，彼女の傷ついた気持ち
が確証され，彼女は次はもっと頑張ろうと決意して，本当に自分に価値があ
ることを証明しようとしました。ダナが自分探しをするという恐ろしいサイ
クルに，これからはまっていくことが予想できます。

　ダナは幼少期に，「自分は傷ついている」という考えを身につけました。
その後，幼少期に刷り込まれたこの考えが，彼女の人生を決定づけ，自分が
ダメージを受けないようにするための努力が，実は逆効果となっていました。
ダナはどんなに自慢しても「自分は傷ついている」という思いが消えないこ
とに気づけば，自分の考えとは別の関係を築くことができるかもしれません。
ダナが，思考は思考であり，それ以上でも以下でもないと見ることができた
としたらどうでしょうか。ダナはその思考を持ち，それを消そうと努力せず
に，穏やかに観察することができるはずです。もし，彼女が思考よりも大き
な存在であり，それが数十億あるうちの１つの星にすぎないならば，思考と
の戦いから一歩踏み出すことができるでしょう。星は宇宙そのものではあり
ません。この全体の場所から，彼女はトッドの時とはまったく異なる方法で
他者と関係を持ち，もはや自慢話で相手を感動させようとする選択をしなく
なりました。むしろ，自らをありのままに受け容れながら，パートナーとも
対話することができるでしょう。

　この例を参考にしてみると，私たちの広大な宇宙の中には無数の星がある
だけでなく，パートナーもそこに存在していることに気づきます。私たちは
自分や相手の全体像をありのままにとらえることで，特定の思考，記憶，経
験といういくつもの星から解放されます。私たちはパートナーと力を合わせ

て，強く，そして思いやりにあふれた愛情を育むための文脈を築くことができるでしょう。

全体性を実践する

　目を閉じて，自分の呼吸を観察しましょう。宇宙とその中にあるすべての星の広大さを想像してみてください。自分自身がその宇宙であることを想像して，星にそっと寄り添ってみましょう。

　数分間，このイメージのままでいてください。その後，あなたのパートナーも宇宙であることを想像してみてください。パートナーがどのように時間を超越しているか，全体像はどうなっているかに注目してください。そして，あなたとパートナーという2つの宇宙に，あなたはどのように関わるのか，想像してみてください。

パート 7

大事にしていることに取り組む
（コミットされた行動）

31

人間関係におけるコミットされた行動

忘れてはいけない，人はあなたの意図ではなく，行動であなたを判断する。
寛大な心を持っていようが，冷徹非情に見られることだってあるのだ。
ナヴジョット・シン・シドゥ

コミットされた行動は，大切な人生を生きる上でとても重要なものです。人間関係におけるコミットされた行動は，愛に満ちた活力あるパートナーシップの中心的な存在となります。

コミットされた行動について話をする前に，「コミットメント（日本語で献身，深い関与，責任，約束，義務などを意味する言葉）」の意味を考えることから始めましょう。広く頻繁に使われるこの言葉は，一般的には人の好ましい特性が積み重なったものであると考えられています。コミットメントは良いことだ，コミットメントすれば人は成功する，などもよく聞くでしょう。しかし実際には，コミットメントの真価は，こうした誇大広告によってほとんど失われています。最も本質的には，コミットメントとは，何がその人にとって重要なものであるのか，その存在を見出す人間の能力を反映しています。

コミットメントとは，つかみどころのない能力でもあります。次のシナリオを想像してみてください。あなたのパートナーは，ある日，人前であなたがパートナーをからかったことが不愉快だったということを，今まさにあな

たに伝えています。申し訳なさそうにあなたはこう言います，「その通りだね，そんなことをするなんて，僕は冷静じゃなかった。もうしないって約束するよ」と。もし，心から約束していなければ，それはあたかもあなたの唇から空気が抜けて風に乗って流れていくようなもので，空っぽで意味のないものです。しかし，心から約束している場合は，可能性に満ちた旅が始まることでしょう。私たちのほとんどは，自分の言葉に正直であることが持つ力を見失っていたり，理解できずにいます。

　（心から約束するのかそうでないのかなど）あなたの意図を具体的に表すのが行動です。毎日，自身が誠実であることの大切さについて考える人と，誠実さとは無縁で，一瞬たりともそんなことを考えずに生活している人は，実際に誠実であることを大切に生活（行動）していなければ，本質的な違いはありません。幸いなことに，自分の価値に沿った選択をする機会は，至るところにあります。また，今日，価値ある選択ができるかどうかは，その選択が初めてなのか，それとも何千回目なのかということとは，まったく関係ありません。

　ダラーの友人ローラは，正直であること，そして正直であることにコミットして生きることについて，自らの体験を次のように語りました。「私は常々，自分は基本的に良い人間で，間違っても悪い人間ではないと思っていました。なので，あまり意味など考えずに何でも行動できていました。例えば，一度に二人の男性とデートしていたけれども，私は一夫一婦制を認めていたわけでもないので，私の行為は不誠実ではないと，自分自身に言い聞かせていました。でも，それぞれの関係において，私は本当に正直でいられたのか。私がしていたことは何だったのか。やはり，自分の行動は何かがおかしいと気づきました。だって，彼らは私が何を言ったか，言わなかったかに関係なく，私が彼らとの関係に夢中になっていると思っていたんですから。その後，人は正直者か，はたまた不誠実な人間かではなく，正直に生きているか，生きていないかのどちらかであることに気がついたんです」と。ローラはその後，自分の心に沿った生き方を選択し，二人の男性に自分が別の男性と付き合っ

ていることを知らせました。この行動は，正直に生きようとする彼女の選択
に一致していました。

　あなたも，あなたの意図に沿った行動を選択することができます。重要な
のは，自分が選択した意図に従って行動することです。有名な心理学者のア
ルフレッド・アドラーは「行動だけを信じなさい。人生は言葉のレベルでは
なく，出来事のレベルで起こる」という言葉を残しています。

コミットされた行動を実践する

　ペンと紙を用意して，あなたの人間関係の中で最も重要なことを２つか
３つ書き留めてください。それから，地球の外から宇宙人が訪ねてきたと
想像してみてください。あなたがすべきことは，自分で重要だと思うこと
を記述することですが，あなたは書き出された行動のみ行うことができま
す。宇宙人は概念（例えば，価値の概念）を理解していません。行動だけ
を理解しています。パートナーとの関係の中で，あなたが最も大切にして
いることをその宇宙人に理解してもらうために，それを示す行動を２つか
３つ書き出してみましょう。

　リストアップできたら，次週まで１日に１つ，行動してみましょう。そ
して残された人生のために，実際に１日１つの行動を起こしてみましょう。

32

勇気ある愛

勇気とは，死ぬほど怖くても，とにかく進み続けることだ。
ジョン・ウェイン

　勇気は人の長所であると考えられており，強さと結びついています。同様に，恐怖や不安，傷つきやすさといった感情は，しばしば弱さの兆候と考えられがちです。そして，勇気とはそのような感情がないことだと考えられています。勇気があるということは，恐れていないということだと私たちは考えがちですが，実際に勇気とは，恐怖と不安を感じながらも行動を起こすことです。「勇気」（courage）の語源はラテン語で「心」を意味する cor です。つまり，「勇気」とは，恐れがあっても心の底から行動を起こすことができる能力のことなのです。

　では，勇気とは人間関係の中でどのような時に現れるのでしょうか？　答えは，最初からです。すなわち，相手にどのように受け取られるかわからないまま，自分をさらけ出すことを選んだ瞬間からです。言い換えるならば，自分をさらけ出すことを選択した瞬間から，それがどんなに小さなことでも，あるいはどんな未来が待っているのかわからないまま，あえて相手と一緒に将来にコミットすることを選んだ瞬間からです。人間関係には常に安全かどうかわからなくても行動することが含まれており，前に進むためには勇気が必要です。

　時には，あなたの人間関係への意気込みが試されます。苦難，悲劇，喪失，裏切りなどにより，関係が崩壊することもあれば，そうでないこともあります。このようなライフイベントは，自分ではほとんどコントロールできませんが，その後の展開は，自分の選択によって大きく左右されます。自分の価値観に基づいて次々と選択していくこと，つまり，献身的な行動を継続することが，どんな困難な状況でも着実に，そして確実にあなたを導いてくれるでしょう。そのためには，心（heart）が必要です。

　子どもの死という悪夢を経験した，ダンとシェリーという夫婦がいました。4歳の娘アンナが自宅の前の通りに飛び出し，車にはねられて死亡しました。両親はそれぞれ喪失感に打ちのめされると同時に，罪悪感や責任感といった耐え難い思いに悩まされました。事故が起こった時，芝生の水やりをしていたダンは責任を感じていたし，娘のアンナをもっと近くで見ている「べき」でした。気をつけていればこんなことにはならなかったはずだと感じていました。それと同時に，娘のアンナに道を渡る方法をもっとちゃんと教えてあげなかったシェリーを，ひそかに責めてもいました。また，シェリーがアンナを見ずに家の中で電話していたことにも，腹を立てていました。彼はこのような考えを持っていること，そしてシェリーに対してこのように思ってしまう自分は，理不尽で不公平だと自分を厳しく責めていましたが，とにかく彼はこのような考えを持っていました。

　シェリーには逆の思いがありました。娘のアンナが通りに飛び出すのを止められなかったこと，アンナに注意するように教えなかったこと，電話で楽しくおしゃべりしていたことなど，自分自身を責めていました。アンナをもっと注意深く見てくれていなかったダンを責め，そしてダンがその事故の後に打ちひしがれていた時に，ダンにひどいことを考えてしまった自分を責めてもいました。そして，アンナが車の前に飛び出してしまったことを知っていたにもかかわらず，アンナを轢き殺した運転手を責めました。このため，ダンとシェリーは，心を痛めた喪失感に加えて，さまざまな望まない考えや感情と格闘していました。

　喪失感を味わいながらも，ダンとシェリーは勇気を持って愛することを選択しました。ダンはリスクを冒して妻に自分の本当の気持ちを伝え，シェリーは聞くのはつらいことも多かったものの，勇気を持って耳を傾けました。二人は悲しみに打ちひしがれながらも，相手の痛みに共感し，相手に愛情を注ぎ続けることを決意しました。そして，自分たちが築き上げてきた人生を大切にし，結婚生活を成功させたいと思っていたからこそ，喪失感を克服するためにセラピーを受けることにしました。二人とも耳をふさぎ，世界から目をそむけたいと思っていましたが，次第に友人との外食やビーチへのドライブなど，人生を肯定するようなことに取り組むようになりました。

　ダンもシェリーも，娘のいない未来にあまり強い興味を持てませんでしたが，とにかく小さな一歩を踏み出そうとしていました。おそらく，最も大きな勇気ある行動は，数年後に子どもを授かろうと決意したことでしょう。彼らは，もう一度誰かを愛することのリスクを理解していました。つまり，彼らは苦しさや悲しみの中で人生に背を向けるのではなく，勇気を持って生きることを選んだのです。

勇気を実践する

　アリス・マッケンジー・スウェイムは，「勇気とは，嵐が行き来しても立派にそびえ立つ樫の木ではなく，雪の中で開く儚い花である」と書いています。勇気の花を咲かせることが本当に難しいことだとしても，あなたはいつ，どこでその花を咲かせますか？　勇気を持って自分に挑戦してみたいと思いませんか？　人間関係の中で，恐怖を感じる場所を探してみてください。その場所で，自分の心は何を本当に望んでいるのか，と自問してみてください。勇気を持って生きること，人間関係の中で自分の心に従って行動することができるかどうか，小さなことでもいいので考えてみましょう。それがあなたの価値に一致するなら，その行動をやってみましょう。

33

信頼すること・信頼されること

握り拳と握手はできない。
インディラ・ガンジー

　人間関係は，とても難しいものです。自分が望む人間関係を作る能力を誰もが持っていることを認識することは，非常に大きな力を与えてくれます。自由であることの裏返しとして，自分の人生をどう生きるかは，パートナーではなく，自分自身にかかっているともいえます。友人の一人が「最後は自分次第，という考え方が嫌いだ」と言っていました。この種の思考が出てくるのは，信頼を裏切られた時や，本当に悪いことが起こった時です。でも，次に何をするかは自分次第です。もちろん，自分が悪かった，傷ついた，憤慨するといった感情に注目することもできます。しかし，それでは生きているとは言えないのではないでしょうか。

　パートナーと信頼関係を築くために，大切なことが2つあります。1つはあなたがパートナーを信頼する度合いであり，もう1つはあなたが信頼される度合いです。ここでは，「信頼」を「ある」「ない」という性質や目的ではなく，「あり方」として扱っていることに注意してください。突然，信頼が生じるわけでも，また他者から譲り受けるようなものでもありません。

　信頼とは行動であり，パートナーとの間で相手を信頼することと，相手か

ら信頼されるに足る行動を示すことの相互作用によって表されます。

　信頼されるということは，木のようにしっかりと立つということです。信用，信頼，信頼性はすべて相互に関連しており，同じ方向を目指すことを意味しています。すなわち，信頼に足る人とは，約束を守り，言葉を裏づけるような行動を示し，苦難と恐怖にもかかわらず，堅実であることを指します。

　あなたは，パートナーのどこが信頼できると思いますか？　どのような点が信頼できますか？　あなたのパートナーは，いつでもあなたに頼ることができますか？　それとも特定の時だけ頼ることができますか？　あなたは信頼できますか？　あなたは言葉にしたことを実行に移していますか？　あなたの発言は本気で言っていますか？　信頼されるとは，到達すべきゴールでもなければ，努力して手に入れるようなものでもありません。むしろ，信頼に足るか足らないかの行動からなる，継続的なプロセスなのです。幸いなことに，あなたがどんなに相手を失望させたとしても，信頼される人になるチャンスは残されています。反面，どんな不義もあってはなりません。例えば，約束を忘れてしまうということは，信頼されることを意図的に放棄していることになります。その瞬間，あなたは信頼されません。あなたが過去にどんな人であろうと，明日どんな人になろうと，あなたは信頼されません。あなたは自分が大切にしている道を踏み外してしまったのです。道を踏み外してしまった時，あなたは何をしますか？　もちろん，人はすぐに引き返すことができます。

　また，パートナーを信頼することも，あなたの選択です。あなたのパートナーは，信頼できそうなこともそうでないことも含めて，さまざまな行動をとるでしょう。パートナーを信頼するためには，心を開き，パートナーを信頼する意思が必要です。要するに，信頼関係を築くことをパートナーに全面的に委ねるのは，簡単なことのように思えるかもしれませんが，実際にはあなたの行動が大きく影響します。あなたが信頼に価値を置くならば，まずはあなた自身が，レンガをひとつひとつ積み上げるように行動することをお勧めします。

信頼を実践する

　あなたはパートナーとの関係の中で，どうやって信頼すること，信頼されることを示していますか？　あなたのどのような行動が「信頼できない」カテゴリーに入るのでしょうか？

　もしあなたがパートナーとの関係において信頼されることを大切にしているのであれば，それに沿ってどのように行動したら良いでしょうか？

34

許しの力

怒りはあなたを小さくするが，許しはあなたを今よりも大きく成長させる。
チェリー・カーター・スコット

　信頼が裏切られると，どうなるでしょうか？　どうやって許しますか？
私たちは許す「べき」なのでしょうか？　罪と許しの話題に取り組む前に，
善悪についての議論から離れることが重要です。コミットされた行動は，過
去の善悪を覆し，私たちが本当に大切にするものが何かを気づかせてくれます。
例えば，あなたが一夫一婦制の結婚生活を送っていて，あなたの配偶者が浮
気をしたとします。あなたにはさまざまな思考や感情が湧き上がりますが，
それと同時に選択肢がたくさんあります。あなたは別れますか？　別れるな
らいつ別れますか？　あなたは関係を継続しますか？　継続するなら，今後
どうやって関係を続けますか？　あなたは許しますか？　許すつもりがない
けれど，関係を維持したいと思う場合はどうしますか？　あなたが抱える不
信感をどうしますか？

　この状況でどうすればいいのか，神様が教えてくれたらいいのに，と思う
かもしれませんが，選ぶのはあなたです。しかし，その時の感情が収まるの
を待ってから選択するのはうまくいきません。感情は浮かんでは消えるもの
です。例えば，あなたが関係を終わりにせず，関係を立て直すことを選んだ
としましょう。そして数年が経過します。その数年がとても良く，愛情に満

ちた時間であったとしても，裏切られた時のことを思い出すと，辛い気持ちが出てくることがあります。そうした感情は経験に属するものです。あなたの傷つきや不信感をどうにかするのは，あなたのパートナーの仕事だと思うかもしれませんが，そうではありません。「私がこのように感じるのは，あの人のせいだ！」と抗議したくなるかもしれません。あるいは，「私はもうあの人を信用していない。あの人が信頼できると証明してくれれば，また信頼できる"かも"しれない」と反論するでしょう。

　この状況を修復するために必要なことを，もっと詳しく見てみましょう。パートナーが反省して，許しを請うたとします。そのことはあなたをなだめてくれるかもしれませんが，傷を消すことはできません。その場では慰められるかもしれませんが，心の中で裏切られたことを思い出すと，傷ついた気持ちが湧き上がってきます。おそらく，あなたが本当に望んでいるのは，二度と傷つけられないという保証ではないでしょうか。しかし，パートナーが「今後は絶対にしない」と約束してくれたとしても，それをどうやって確かめるのでしょうか。それに，パートナーが二度とあなたを傷つけないように努力しているうちに，バスに轢かれてしまい，あなたはまた傷つくかもしれません。つまり，ここで必要なのは，相手に何かのテストを受けさせることではないということです。裏切り行為があっても，関係を続けることがあなたの価値だとするならば，先のことは誰にもわかりません。人生の痛みは，約束や保証では防げないことを踏まえ，許すリスクを負うかどうかは，あなた次第なのです。

　ここで必要になるのが「許し」です。「許し」とは，文字通り「過去にあったものを与える」という意味です。それは与えることであって，感じることではないことに注意してください。相手を許すことで，心が軽くなり，安堵を感じるかもしれませんし，そうでない時もあるでしょう。あなたの行動は，与えることの中にあります。傷つく前にあったものをパートナーに返したり，「あたかも」パートナーの罪が起こらなかったかのようにパートナーに接したりします。これはプロセスであって，結果ではないことを心に留めておく

ことが重要です。これは，パートナーが浮気する前と同じ接し方にいきなり戻ることを意味するのではなく，むしろあなたが許す作業に取り組むことを約束することを意味します。浮気が起こる前と同じように，普段の行動をすることができます。むしろ，浮気が起こる前よりも行動が改善されることすらあります。

　例を挙げてみましょう。妻ゾーイと夫アーロンは，アーロンが浮気をした時，結婚10年目を迎えていました。ゾーイはそのことをとても恨んでいましたが，関係を続けることを決意しました。しかし，彼女は許さないことにしました。彼女はかなり不当に扱われたと感じて，夫にこのことを絶対に忘れないよう約束させました。彼女は彼を罰し続け，2年間，彼に非常に冷たい態度を示し続けました。これは彼女にとっても大変エネルギーを消耗することでしたし，決して楽しいものではありませんでした。ついに，今の生活が彼女をいかに不幸にさせているか，そして二人の関係がいかに耐えられないものになっていたかに気づき始めました。彼女は毒を飲んで相手が死ぬのを待っていたのです。

　ゾーイはまさに許すことを必要としていました。彼女はアーロンを許すという感情が芽生えるのを待つのではなく，実際に行動に移すことに進む必要がありました。彼女はささやかな行動から始めることにしました。まず，夫におやすみのキスをしてあげました。その後，朝にはフレンドリーな笑顔とハグをしました。それから，彼女はソファの上で彼の隣に進んで座るようにしました。彼女はいつもこうした行動をしたくてしているわけではありませんでしたが，彼女は関係を修復するための薬だと思ってふるまっていました。このような小さな許しが積み重なって，彼女は再び結婚生活を楽しめるようになったのです。

　本パートでは，裏切りや浮気などの大きな出来事に焦点を当ててきましたが，許しは小さな出来事にも当てはまります。相手に傷つくような発言をされた，用事や記念日を忘れられた，人前で恥ずかしい行動をされたりするこ

とがあったとしても，あなたはそうした出来事の以前にあったものを，相手に返すことができます。問題は，あなたがそれを選ぶかどうかです。許しを与えるということは，対人関係にとても強力に作用し，新たな親密さを生み出します。あなたとあなたのパートナーがはまってしまっていることから抜け出すきっかけを提供するだけでなく，成長し，あなたたちの関係に新たな可能性をもたらすことができます。許すことは，人生を共にするパートナーへの素晴らしい贈り物なのです。

許しを実践する

　誰かを許して，ほっとした気持ちになっても，後で考えてみたらまだ怒っていた，という経験はありませんか？

　ええ，私も同じ経験があります。「許す」という行動が，人間関係にとても強力に作用する理由はここにあります。一度立ち止まって，過去に起こった出来事や今なら許せるはずだけどまだ許せずにいることについて，パートナーを咎めたりしていないか考えてみてください。

　そしてもし，あなたがパートナーを許したらどうなるかを考えてみてください。あなたにとっても，パートナーにとっても，何が変わるでしょうか？　そのきっかけを作るために，今日，ささやかな行動を何か1つ起こしてみましょう。あなたが手放せなかったことが，今は手放すことができていますか？

　あなたがパートナーを許すと，どんなことが起こるだろうかと，自問してみてください。あなたとパートナーには何か違いが生じますか？　許しへのきっかけを作るために，今日は1つの小さな行動を起こしてみましょう。

35

友情を持った関わり

友人とは，私たちのことを知っていながら，
とにかく私たちを愛してくれる人だ。
ジェローム・カミングス神父

　カップル研究者として有名なジョン・ゴットマンは，長年にわたって夫婦関係を研究してきた結果，夫婦が離婚に至るかどうかは，夫婦の口論を観察し，5分以内に見分けることができると報告しています（Gottman and Silver, 1999）。彼によれば，重要な予測因子は，侮辱の有無だそうです。おそらく，侮辱があると，相手の基本的な価値を認識できなくなるからではないでしょうか。

　侮辱の反対語は，友情です。侮辱が拒否を示すものであるのに対して，友情は相手に固有の，根本的な価値を認めることです。それは，相手に悪い癖があるにもかかわらず，その人を好きになるということです。友情の絆は，愛に満ちた重要な関係に不可欠なだけでなく，最も素晴らしいご褒美でもあります。

　パートナー以外の親友のことを考えてみてください。その親友との関係について，特に良いと感じることは何ですか？　それはおそらく，自分が好かれているという心地よさであり，自分という存在だけで評価されている，あ

るいは自分という存在にもかかわらず評価されている，ということでもあるでしょう。良好な友人関係は，私たちに安心感を与えてくれます。自分に問題があっても大丈夫だ，という感覚です。したがって，友情とは，それぞれの人が相手をどのように見ているかによって定義され，それはお互いにどのように接しているかによって示されます。真の友情とは，価値のある人に敬意と礼儀を持ってお互いが接することに合意することだと言えます。

　あなたがパートナーに対して，友人と同じように接しているかどうかを考えてみましょう。例えば，友人がクリーニングに行くのを忘れる癖があったとしたら，あなたはこれを指摘するでしょうか？　それに気づいても，あるいはそれについて何か考えがあったとしても，あなたはおそらく，不必要に友人を不機嫌にさせたくないために，関係を尊重して何も言わないことを選択するでしょう。それが親密な関係になると，どうして違うのでしょうか。興味深いことに，私たちはパートナーとの真の友情関係を築く可能性を，いとも簡単に見失ってしまいます。悲しいことに，私たちは最も重要で親密なパートナーとの関係において，友人になる方法を見失ってしまうのです。

　自分の価値観で人を判断することの問題は，もっと探求していく意味があります。例えば，友人のジルがストレスを感じた時，ちょっと怒りっぽくなるとします。その時，あなたは自分に言い聞かせる言葉を見つけることができますか？「まあ，ジルはそういう人だから」と思って，あなたがパートナーに求めるようにはジルを変えようとせず，気にせず流しますか？　多くの人は，パートナーよりも友人との関係の中では，あまり自分の価値観で判断をしないことに気づいています。パートナーへの期待や自分の価値観で判断することから離れることは難しいかもしれませんが，結果的にそのような関係の中では，友情の度合いが低くなってしまいます。

　自分にとって最も大切な友情の要素を考えてみましょう。おそらく，理解されているという感覚がその要素の１つでしょう。あなたはどのようにして相手を理解していることを示しますか？　もしくは，あなたはどのような方

法でパートナーを積極的にサポートしていますか？　友人のベスは，彼女が
自分の親友について最も大事にしていることは，彼女の成功を一緒に祝える
ことだと言いました。彼女はこう言いました，「親友たちは，私がうまくいっ
ていることを私以上に喜んでくれる。それが真の友情なんだと思う」と。彼
女はまた，「でも，真の友人は，物事がうまくいっていない時でも私に寄り
添ってくれる」とも言っていました。あなたは，相手の喜びも悲しみも積極
的にわかち合っていますか？

　あなたの行動が友情のために役立っているか，役立っていないかを考えて
みましょう。私たちには，非難ではなく，理解を示す，穏やかに笑いで答え
る素晴らしい機会がたくさんあります。私たちは，間違いを正すのではなく，
「わかってるよ」と言う機会があります。私たちには，相手をサポートした
り励ましたりする機会があります。パートナーとの関係に貴重な友情を見い
だせるのなら，それを育み，より強くするにはどうしたらいいかを考えてみ
ましょう。今日，そのチャンスを探してみてください。機会を捉えて行動し，
次に何が起こるか見てみましょう。

友情を実践する

　パートナーと接している時に，その瞬間の自分をとらえて，「もしこれ
がパートナーではなくて友人だったら，自分は何か違うことをしていただ
ろうか」と考えてみてください。パートナーに言ったことは，友人に対し
てなら違う言い方をしたでしょうか？　あなたはパートナーにした要求を，
友人にも要求したでしょうか？　あなたのパートナーが言ったこと，やっ
たことに対して違った反応をしたでしょうか？　行動する前にちょっと立
ち止まって，友人と一緒にいる時の自分に合わせて行動を調整できるかど
うかを見てみましょう。次週まで，少なくとも1日1回はこれを行うよう
にしてください。

36

恋愛のように関わる

愛はバイオリンのようなものだ。
音楽は時々止まるかもしれないが，弦は永遠に残る。
ジューン・マスターズ・バハー

　二人の間にあったはずの恋愛感情は，どこへ行ってしまったのでしょうか。私たちは恋愛感情（ロマンス）を，鍵のようになくしてしまう可能性のあるもの，もしくはバレンタインデーのチョコレートのように，目に見えて減っていくものとして捉えています。かつての恋愛感情を思い返した時，それはどこにありましたか。おそらくは二人の心のどこかにある，小さなハート型の塊のようなものだと考えつくでしょう。

　恋愛は，他の感情と同じように現れては消えていく，つま先までゾクゾクするような素晴らしい経験です。あなたが過去にロマンティックな行動をしていた時，何をしていましたか？　たった今，ロマンティックな気分になっているなら，何をするでしょうか？　ロマンティックな気分であったとしても，特別何も変わったことはなかったという人もいるかもしれません。恋愛とは感情なのでしょうか？　それとも行動なのでしょうか？

　幸い，私たちはその時の気分に関係なく，ロマンティックになれる能力を持っています。ジューン・マスターズ・バハーが言ったように，常にその音

楽が聞こえるわけでないとしても，私たちは愛という楽器を持っています。私たちはそれを手に取って，いつでもそれを演奏することができます。ロマンティックな行動が二人の間に戻れば，恋愛は起こり得るのです。

　あなたが人生の中で経験したロマンティックなことを，思い返してみてください。これまでに経験した中で，最もロマンティックだったことは何ですか？加えて，どんな行動がロマンティックな体験につながっていましたか。これには，大げさなものからシンプルなものまで含まれるはずです。例えば，ダラーの心に浮かぶのは，彼女の大学時代のボーイフレンドが，期末試験週間に彼女をサポートするために，彼女にお菓子をくれた瞬間です。彼女がスターバースト・キャンディを大好きだった（ライムグリーン味を除く）ということを知っていた彼は，ライムグリーン味の緑色のキャンディをすべて取り出してから，大きな瓶に入れたものをくれました。別の例では，「真夜中にバラ園で会おう」という謎の電話を受けたことでした。そこに着いた彼女は，真夜中のピクニックをしました，しかもシャンパン付きです。これらの例はいずれも，彼女のボーイフレンドの行動が，記憶に残る体験を生み出しています。あなたもパートナーに同じことをしてみてはいかがでしょうか。

恋愛を実践する

　究極のロマンティストになりましょう。あなたが地球上で最もロマンティックな人物の一人で，特別素晴らしい恋愛をしていると想像してみてください。あなたはどのような選択をして，恋愛関係の中でどのような自分になりますか？　そして，現在のパートナーとの関係にこのことをどのように持ち込むことができるでしょうか？

　実際に，現在のパートナーとの関係においても，ロマンティックな行動をとってみましょう。二人の関係がロマンティックだった時のことを思い出してください。その時，あなたがとった行動を３つ挙げてください。

　今，その中の１つを選んで，その日のうちにその行動をしてみると約束してください。これを実行できるかどうかは，あなたの気分に左右されるものではないことに注意しましょう。実際，あなたが恋愛に価値を置くのであれば，ロマンティックであることはあなた自身の力の中にあります。

結びのことば

　あなたが本書を手に取ったのには，理由があったことでしょう。本のタイトルやカバーが目を引いたのかもしれませんし，アクセプタンス＆コミットメント・セラピーという用語を聞いたことがあり，それがあなたの対人関係にどのように役立つのか気になったのかもしれません。あなたは今の関係をより良くする方法を探しているのかもしれませんし，今の関係に不満があって答えを探しているのかもしれません。いずれにせよ，根本的に，人は心の中で，とても親密な方法で相手とつながることを求めています。それは「あなたは大丈夫，あなたのままで価値がある」というような方法でつながることでもあります。親密な関係は，私たちが何者であるか，この世界でどうありたいかについて，私たち一人ひとりに問いかけます。パートナーとしての役割を果たし，他者の人生に立ち会うことは，私たちの人生経験を豊かにしてくれます。ここに豊かさの源があります。例えば，仲間意識，友情，情熱，サポート，献身的な愛，などです。

　多くの人が犯してしまう過ちは，金の卵を探しに行き，次から次へと関係を築きながら，自分が失っているものを痛感することです。実際，私たちは生き生きとした愛情，情熱，サポート，献身などの能力を見失っています。こうした能力を使うことは，それほど大変なことでしょうか。いいえ，人は愛されるだけではなく，愛することで活力が生まれることを思い出せば良い

のです。残念なことに，多くの人が愛について，本当の可能性を経験せずに一生を終えています。私たちが見失いがちな，愛することによる活力を体験してみませんか？　まず，自分自身とパートナーを，ありのままに100％受け容れるところから始めましょう。次に，あなたが二人の関係で最も大切にしていることを決め，それを実現しましょう。パートナーに何かをしてもらう必要はありません。あなたが行動するのです。パートナーを愛すること，それを今日から実行しましょう！

参考文献

- Achebe, Chinua. 1967. *Arrow of God*. New York: John Day.
- Buss, David M. 2003. *The Evolution of Desire: Strategies of Human Mating*. New York: Basic Books.
- Gottman, John M., Julie S. Gottman, and Joan DeClaire. 2006. *Ten Lessons to Transform Your Marriage*. New York: Three Rivers Press.
- Gottman, John. M., and Nan Silver. 1999. *The Seven Principles for Making Marriage Work*. New York: Three Rivers Press.
- Hayes, Steven. C., Kirk D. Strosahl, and Kelly G. Wilson. 1999. *Acceptance and Commitment Therapy: An Experiential Approach to Behavior Change*. New York: The Guilford Press.
- Kohut, Heinz. 1984. *How Does Analysis Cure?* Chicago: University of Chicago Press.
- Laumann, Edward O., John H. Gagnon, Robert T. Michael, and Stuart Michaels. 1994. *The Social Organization of Sexuality: Sexual Practices in the United States*. Chicago: University of Chicago Press.
- Luoma, Jason B., Steven C. Hayes, and Robyn D. Walser. 2007. *Learning Acceptance and Commitment Therapy: A Skills Training Workbook For Therapists*. Oakland, CA: New Harbinger Publications.
- Peck, M. Scott 1978. *The Road Less Traveled*. New York: Simon & Schuster.
- Wolfers, Justin. 2008. Misreporting on divorce. *New York Times*, March 21, Opinion section. http://freakonomics.blogs.nytimes.com/2008/03/21/misreporting-on-divorce/ (accessed July 5, 2008).

監訳者あとがき

　コロナ禍が世界中を震撼させ始めた 2020 年春，カップルをめぐる問題が社会的に大きな注目を集めるようになりました。そのような中で，訳者の一人である樫村氏から，多くのカップルに役に立つような書籍を翻訳したいとの申し出がありました。そして，訳出にあたっては女性の視点も欠かすことができないことから，大山氏にもお願いすることになりました。

　私たち 3 人は，教育や医療等で臨床心理士・公認心理師としての仕事に携わりながら，長年にわたってカップルセラピーや家族療法を実践してきました。そこで感じてきたのは，セラピーに来るカップルは決して特殊なカップルではなく，また持ち込まれる問題は，どのカップルにも起こりうる問題だということです。そして，セラピーには来ないカップルであっても，自分たちの関係に悩み傷ついている人たち，より良い関係を模索している人たちは，年々増えているのではないかということでした。

　本書は，カップルの関係とそこで生じるさまざまな葛藤や問題を取り上げ，二人がより親密になるための具体的なワークがたくさん提示されています。一見するとよくあるハウツー本に見えるかもしれませんが，愛，情熱，受容，期待と失望，共感，許しなど，カップルの関係だけでなく，人間存在や生きるということにも関わる，非常に深いテーマがたくさん取り上げられています。読み終わって，自分自身について，パートナーについて，二人の関係に

ついて，どのようなことを感じたり考えたりしたでしょうか。

　本書を手にとったあなたは，世の中に一人しかいないかけがえのない存在です。そしてあなたのパートナーも同じように，世の中に一人しかいないあなたとは異なるユニークな存在です。その二人がお互いの自分らしさを大切にしつつ，より親密な関係を築いていくガイドとして本書が少しでも役に立てば，訳者としてこんなに嬉しいことはありません。

2022 年 5 月　訳者を代表して　野末　武義

著者紹介

ロビン・D・ウォルザー（Ph.D.）

コンサルタント，ワークショップのプレゼンター，セラピストとして，個人開業の TL コンサルテーションサービスで活躍する心理学者。カリフォルニア州の退役軍人局パロアルト医療システムの国立 PTSD センターにも勤務。ネバダ大学リノ校で臨床心理学の博士号を取得し，トラウマティック・ストレス，薬物乱用，アクセプタンス＆コミットメント・セラピー（ACT）の臨床と研究の専門知識を持つ。ACT のトレーナーとして国際的に認知されており，この介入に関する雑誌記事，本書，そして 2 冊の本を共著で執筆している。

ダラー・ウェストラップ（Ph.D.）

カリフォルニア州の退役軍人局パロアルト医療システムの国立 PTSD センターのクリニカル・サイコロジスト。軍事関連の PTSD を持つ女性退役軍人を対象とした 10 床 60 日間の滞在型治療プログラムである「Women's Trauma Recovery Program（女性トラウマ回復プログラム）」の主任心理学者を務める。また，外来女性メンタルヘルスセンターのプログラムディレクターも務める。ウェストバージニア大学で大学院を卒業し，スタンフォード大学の行動医学部門で博士研究員を修了。PTSD，薬物乱用，ストーカー行為，心理的機能不全に関する体験の回避の分野で臨床と研究の専門知識を持つ。

【監訳者略歴】

野末　武義（のずえ　たけよし）

明治学院大学心理学部心理学科教授。家族心理士・臨床心理士・公認心理師。
IPI 統合的心理療法研究所所長。専門はカップルセラピー、家族療法、家族心理学、アサーショントレーニング。
立教大学文学部心理学科卒業。国際基督教大学大学院教育学研究科博士前期課程修了（教育学修士）。

主な著書
「夫婦・カップルのためのアサーション」（金子書房，2015）
「家族心理学―家族システムの発達と臨床的援助　第2版」（有斐閣ブックス，2019）

【訳者略歴】

樫村　正美（かしむら　まさみ）

常磐大学人間科学部心理学科准教授。臨床心理士・公認心理師。
早稲田大学人間科学部人間健康科学科卒業。筑波大学大学院人間総合科学研究科博士課程単位取得退学（心理学博士）。

主な著書
「セルフ・コンパッション [新訳版] （共訳）」（金剛出版，2021）
「医療系のための心理学（編集・共著）」（講談社，2020）
「30分でできる怒りのセルフコントロール（共訳）」（金剛出版，2017）
「30分でできる不安のセルフコントロール（共訳）」（金剛出版，2017）
「こころを癒すノート：トラウマの認知処理療法自習帳（共著）」（創元社，2012）

大山　寧寧（おおやま　ねね）

日本赤十字社医療センターメンタルヘルス科。公認心理師・臨床心理士
早稲田大学第一文学部卒業。明治学院大学大学院心理学科臨床心理学コース修了。
横浜市立大学精神医学教室特任助手，早稲田大学文学部心理学コース非常勤講師を経て現職。

主な著書
「公認心理師ベーシック講座 健康・医療心理学（共著）」（KS心理学専門書，2021）

マインドフル・カップル

パートナーと親密な関係を築くための実践的ガイド

2022 年 6 月 10 日　印刷
2022 年 6 月 20 日　発行

著　者　Robyn D. Walser（ロビン・D・ウォルザー）&
　　　　Darrah Westrup（ダラー・ウェストラップ）
監訳者　野末武義
訳　者　樫村正美・大山寧寧
発行者　立石　正信
発行所　株式会社金剛出版
　　　　〒 112-0005　東京都文京区水道 1-5-16
　　　　電話 03-3815-6661　振替 00120-6-34848

装幀　戸塚泰雄（nu）
装画　近藤恵介
印刷・製本　シナノ印刷

ISBN978-4-7724-1898-0　C3011
©2022 Printed in Japan

セルフ・コンパッション 新訳版
有効性が実証された自分に優しくする力

[著]=クリスティン・ネフ
[監訳]=石村郁夫 樫村正美 岸本早苗 [訳]=浅田仁子

●A5判 ●並製 ●322頁 ●定価 **3,740** 円
● ISBN978-4-7724-1820-1 C3011

セルフ・コンパッションの原典を新訳！
セルフ・コンパッションを身につけることは，
自分で自分の心を和ませ，
現代の過酷な状況下からあなたを「労わる」ことに繋がる。

---

30 分でできる不安のセルフコントロール

[著]=マシュー・マッケイ トロイ・デュフレーヌ
[訳]=堀越 勝 樫村正美

●A5判 ●並製 ●116頁 ●定価 **1,980** 円
● ISBN978-4-7724-1546-0 C3011

不安は誰にでもあるものである。
本書を使いその不安を消すのではなく
上手に付き合っていくためのスキルを学び，
生活を好転させよう。

---

30 分でできる怒りのセルフコントロール

[著]=ロナルド T. ポッターエフロン パトリシア S. ポッターエフロン
[訳]=堀越 勝 樫村正美

●A5判 ●並製 ●112頁 ●定価 **1,980** 円
● ISBN978-4-7724-1545-3 C3011

取り組む時間は 1 日わずか 30 分。
怒りのメカニズムを知り，
その取り扱い方を学ぶことで怒りをなくさずに
今よりも「楽に生きる」方法が見つかるはずだ。

価格は10%税込です。